JN097532

GIGAスクール
にも対応!

教室ギア56

鈴 木 優 太

東洋館出版社

はじめに

『教室ギア55』をたくさんの先生方に手に取っていただき、こうして続編を世に出すことができました。代表的な実践である『マグネットクリップ』と『曲板（まげいた)』が、多くの教室で活躍しているようです。本当にありがとうございます。

穴の開いた鉄製の『曲板』を画鋲で固定します。掲示板に磁石が付くようになり、『マグネットクリップ』で挟める物であればノートでも何でも掲示することが可能です。先生だけでなく、子どもたちの手で、知的な掲示物の更新を自由に行える環境を実現します。教室環境の力を最大化し、子どもたちの感化を促す最強ギアです。この実践、一朝一夕で生まれたわけではありません。

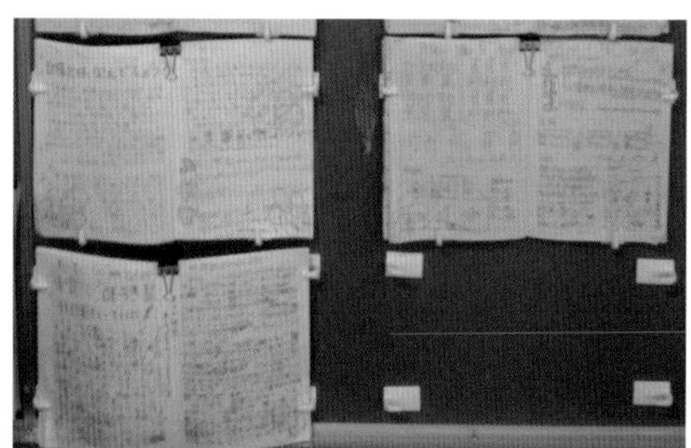

2013年。子どもたちと私は、自主学習ノート作りの実践に夢中で取り組みます。ノートのコピーではなく、書き立てほやほやの「実物」を掲示したい思いに駆られます。

ホンモノには力があるからです。そんな折、キッチンでレシピ本を開くためにフックを活用するアイデアを私は目にしました。両面テープ式のフックを100円ショップで集め、教室の掲示板に貼りました。手応えを感じつつも、数日経つとフックが剥がれ落ちてくるではありませんか。両面テープを何度も貼り直すメンテナンスが必要でした。面倒な作業を予防するため、布ガムテープと画鋲で補強しました。悪くはないのですが、見た目にはときめきません。

尊敬する阿部隆幸先生が、平ゴムと工作用紙を使った実践を教えてくれました。偉大な先輩方は、大概のことはすでに取り組んでいるものなのだと実感し、様々な先行実践を貪るように学ぶのがこの頃です。

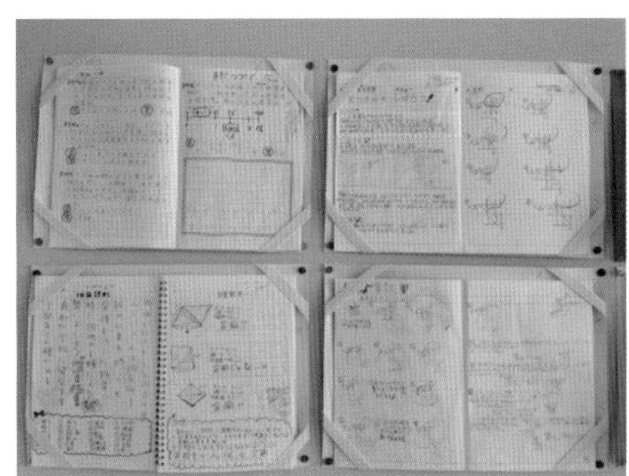

2014年。フックを工作用紙に貼った形で試行を

続けます。裏側にマグネットを貼ることで、補助黒板に貼ることが可能になりました。しかし、やっぱりフックは剥がれます。湿度が高い日には、ノートが落下してしまう点も改善できませんでした。

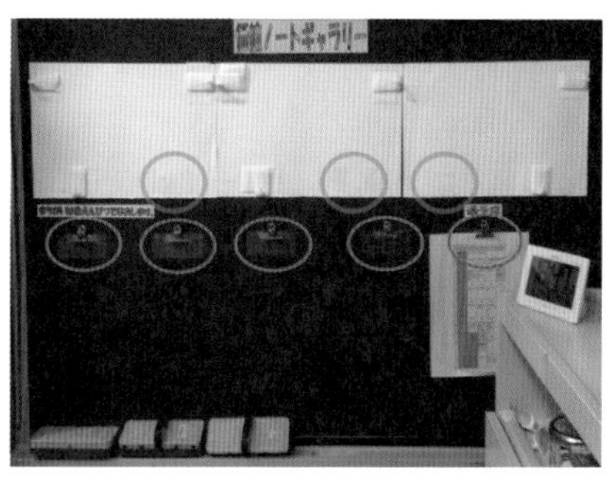

2015年。私が目を付けたのは、補助黒板に養生テープで貼り付けていた『目玉クリップ』です。家庭学習の答えや週予定を挟んで掲示するのにとても重宝していました。この補助黒板が、磁石が付く仕様だった影響も大きいでしょう。100円ショップDAISOで20cmの『マグネットクリップ』と運命の出会いを果たします。補助黒板に養生テープを貼る必要がない点、A3サイズの紙も貼れる点、そのまま移動できる点、使わないときにははずせる点…補助黒板の掲示が劇的にスマートになったことに、心底ときめきました。

「この『マグネットクリップ』を掲示できるスペースを増やしたい！」

俗に言うアンテナが高い状態で、100円ショップやホームセンターをぶらぶら歩きます。鉄製の帯状の薄い板『スチールリボン』を見つけました。側面掲示板の上方に強力両面テープで固定してみました。旬なお知らせプリントを『マグネットクリップ』で掲示できるスペースが教室に増えました。しかし、強力両面テープは高価であること、はずすことに苦労

を要することを体験します。

2016年。ホームセンターケーヨーデイツーで『曲板』と巡り会います。『教室ギア55』では、100円で手に入るDAISOの『ステンレスフリーステー296mm』を紹介していますが、当時は取り扱いがありませんでした。このときに手に取ったのが八幡ねじ製の『クロームメッキ曲板』です。同じ物で統一したく、私が教室で愛用しているのは、実はすべて八幡ねじ製です。

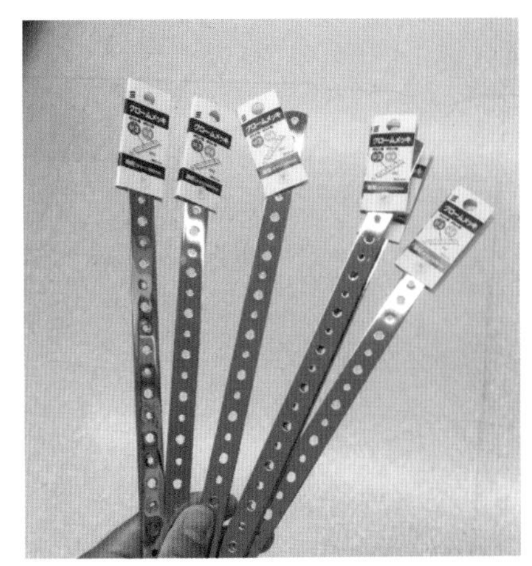

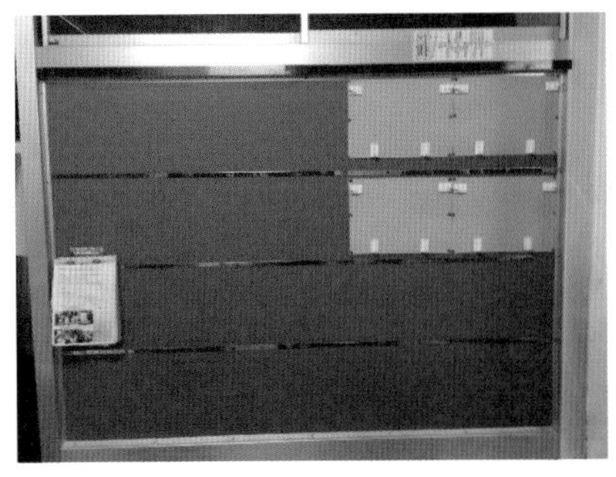

しかし、しばらくの間『マグネットクリップ』に挟むのはプリント類だけでした。ノートを挟む発想はなかった。フック式ノートギャラリーを併用していたからです。手応えを感じたものほど、私たちは手放せないものです。

ある日、気づきます。

「ノートも『マグネットクリップ』に挟んで『曲板』に掲示できるじゃん！」

掲示の安定感があり、湿度に左右されません。メンテナンスは１年間皆無です。画鋲で着脱

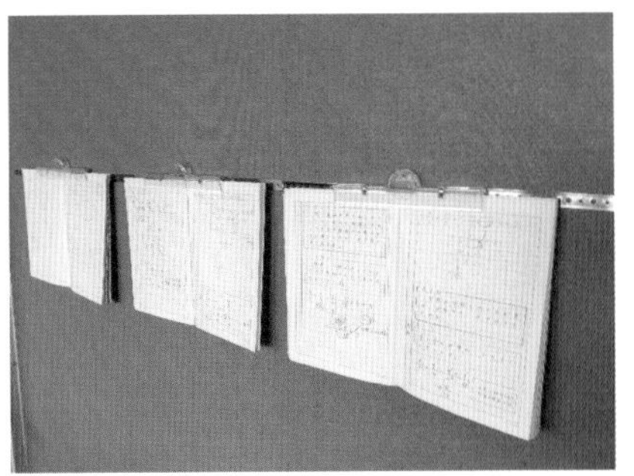

可能なので、年度末の教室移動もあっという間でした。

2017年。『手作り両面ミニホワイトボード』との合わせ技の『曲板係コーナー』で、係活動が華やぎます。フック式ノートギャラリーもスチールリボンも一切やめました。

2018年。『マグネットクリップ』の数はどんどん増えていきます。

2019年。背面掲示板まで『曲板』で貼り巡らすことを成し遂げます。図工作品の途中経過を共有することにも魅力を感じるようになりました。

2020年。教務主任を仰せつかり担任を離れます。学校で最も人通りが多い場所に、校費で曲板ギャラリーを設けました。コロナ禍の学校生活で、子どもたちの良い姿を通して学年間の結び付きを創出しようと試行錯誤しました。

2021年。『教室ギア55』を発刊。全国のたくさんの先生方からフィードバックをいただきました。八幡ねじさんからもメッセージをいただいたのです。

2022年。学校現場のデフォルトを疑うことにもなったコロナ禍の経験を経て、教室の外の環境をもダイナミックに活用した実践に注力します。動線や子どもたちの手の届く高さをこれまで以上に意識するようになりました。「自分（たち）のことは、自分（たち）でやる！」というメッセージは、教室環境のあり方で子どもたちに沁み込んでいきます。

> YAHATA
> **八幡ねじ公式アカウント** @yht_nejineji · 2022年2月16日
> 初めまして 八幡ねじと申します
> この度は弊社商品のご利用、ご紹介をいただき有難うございます
> 弊社の曲板が、微力ながら教室で活躍していることが、とても嬉しいです
> Twitterを通して、商品の新しい活躍の仕方を知ることができ、とても嬉しいです
> もし宜しければ、今後ともどうぞ宜しくお願い致します

2023年。アナログとデジタルのベストミックスを探りながら、子どもたちと全力で実践中です。本書は、編集部からの熱烈な要望もあり、GIGA実践もふんだんに掲載しています。時間も空間も超え、クラウド上で共有できる技術やAIの躍進は画期的です。一方で、手書きしたノートや図工作品などのアナログにしかない不偏の魅力が、やっぱりあります。ホンモノの迫力にはかなわない。

10年のときを経て進化を続けてきた『マグネットクリップ』と『曲板（まげいた)』を、先生方の力でますます進化させてください。

そして、「手放す覚悟」ももって新しい実践に挑戦し続けていきましょう！

『教室ギア56』が、子どもたちと先生方の道しるべとなることが幸せです。

鈴木優太

目次

第2章 授業編

第3章 GIGA編

第1章 学級編

IDEA 01 教師

土台の安定からはじまる！ アガる靴

何のため 教師の力を引き出すため。

学校で長時間履き続ける上履きは、ちょっと値の張るものでも自分に合ういい物を選ぶようにします。100kmマラソン愛好者が愛用している『長距離マラソン向けランニングシューズ』を私は履いています。

上履きは、軽くて蒸れにくい『長距離マラソン向けランニングシューズ』がお薦めです。

参照：拙著『教室ギア55』はじめに

ここがポイント！

靴選びは、必ず「試し履き」します。お気に入りのデザインであることもとても重要です。身体も心も上機嫌に過ごすための自己投資が、己に眠る真の実力を引き出します。運命の一足を選びましょう。

私は学校で毎日１万歩前後歩きます。これは約８km〜10kmです。マラソンをしているようなものです。１日履いても疲れない上履きが理想的です。

子どもたちが下校後は『リカバリーサンダル』に履き替えます。足の回復を目的とした機能的なサンダルです。リラックスした気持ちで放課後の仕事がはかどります。

『中敷き』を変えただけで、歩き方は変わります。骨格を矯正し、筋肉を効果的に動かす支援をします。

『靴底』を貼り替え、10年超愛用している革靴は現役です。靴を育ててきたつもりで、私は靴に育てられてきたのかもしれません。

『上履き』は教師を支える「土台」です。「土台」が安定していると、そこに乗る教師の身体も心も、そして授業も安定します。自分の足に合った一足は、姿勢や歩き方を矯正し、人間が本来もっている力を引き出す効果があります。シューフィッターに相談してみるのもお薦めです。

IDEA 02 教室環境

デフォルトを疑え！

教師用事務机

何のため　教室環境の目的を考えるため。

『教師用事務机』は①～⑫の何番に近い場所に置いていますか？

圧倒的に多いのが①です。では、何のため？

「教室を引き継いだときからそうだったので、考えたこともなかった」という先生がほとんど。デフォルトの良さももちろんありますが…。

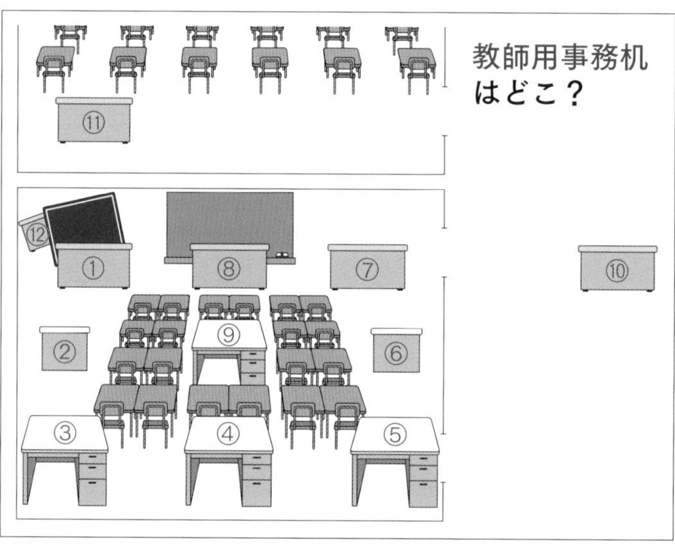

教師用事務机の設置場所には、教室環境観が滲み出ます。①は教師の顔が見えることで子どもたちに安心感や規律が育まれる点が利点。一方で、子どもたちの目には常に教師の姿（や物）が飛び込んでくる点に、慎重になる必要もあります。

ここがポイント！

教師用事務机の場所は変えても良いのです。無くしたっていい。「何のため？」と目的を考え続けることが、未来を拓きます。これからの教室環境づくりには「デフォルトを疑う」視点も重要です。

私は、（本稿執筆時）児童用机を使用して、③と⑫の２か所です。黒板前に物を置かないことで、子どもの学習活動の動線が拡がります。テレビ裏は秘密基地のようです。教師の顔色を伺うのではなく、自ら考え行動できる人に育ってほしい願いを具現化した配置です。

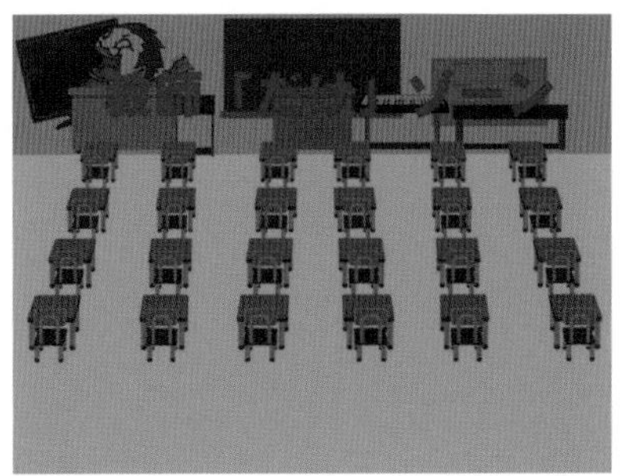

学習活動を便利にするための物を教室に「足し算」する発想は定石です。しかし、黒板や大型提示装置を子どもたちが活用する学習活動が難しい環境になっていませんか？　教師「だけ」ゾーンという印象です。教師用事務机を思い切って「引き算」する発想もアリです。

たまたまヒーター横に机がシンデレラフィットだったこともあり、使わないときは格納しています（A)。採点や課題のチェックなどのときは、机を展開します（B)。窓側にベンチのある珍しい教室なので、ここから子どもたちを眺めるのも気に入っています（C)。

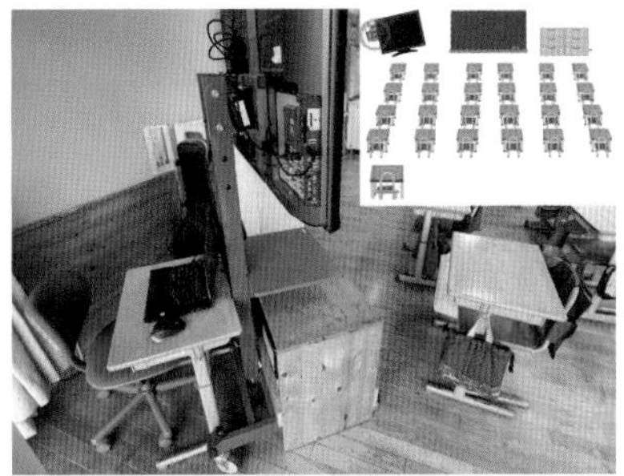

『テレビ裏秘密基地』（参照P.126）は、大型提示装置がついたてのような役割をし、教師の存在感を薄めます。少し離れて子どもたちの姿を見ることで気がつくことがたくさんあります。

①〜⑫のあらゆる場所を私は試しました。子どもたちに決めてもらったことや、一緒にくじを引いて教師も席替えしていたこともあります。教室に無い経験もしました。自ら学びに向かう人を育てたい願いを具現化するためです。子どもたちと柔軟に実践できる教員でありたいです。

高さで真価を発揮！
子どもの手の届く高さファイリング

何のため 学習の成果物を自身の手で更新するため。

プリントを掲示・蓄積できる「個人フォルダ」は、『子どもの手の届く高さ』に設置します。

「個人フォルダ」は、子どもたち一人ひとりのプリントを掲示・蓄積するクリアファイルです。上部の掲示板部分を使いたくなりますが…教師「だけ」が入れられる高さは△です。

ここがポイント！

教師「だけ」が入れられる高さになっていませんか？　だから、更新が滞るのです。命を与え、魂を宿すのは簡単です。子どもの手が届く「高さ」に変えるだけです。

書きたてほやほやのプリントや作文を授業時間内に自分の手でファイリングすることができます。

教室向かいの窓の廻り縁（天井と壁の境目に取り付ける部材）に釘を斜め打ちし、すずらんテープを結び付けました。適切な掲示場所がなければ、つくりましょう。

習字作品を掲示できる「個人フォルダ」もあります。『ワイヤー』（参照P.18）と『S字フック』（参照P.34）で、子どもの手で更新できます。

わずかな環境のひと工夫で、子どもが育ちます。教師の業務も減ります。設置場所に適しているのは「廊下」です。教室内は高所以外の掲示場所は限られてしまうためです。廊下を通りかかった他学級の子どもたちや教員も立ち止まって成果物を眺め、知的な対話が自然発生します。

映え掲示！
掲示物ガーランド

何のため 空中を掲示スペースとして活用するため。

ワイヤーを張ることで、空中が掲示スペースになります。『掲示物ガーランド』は、楽しい雰囲気を演出します。

ガーランドは、旗や花などをつないだひも状の装飾品のことです。まるでフェス会場のようなインパクト大の掲示法です。映えます。ガチャガチャした雰囲気を避けたい場合は、次頁のように壁沿いに設置しましょう。

ここがポイント！

どの学校にもある麻ひもや荷造りひもでも耐荷重はまずまずです。洗濯ロープやアウトドア用ロープは手軽に張れます。金属線は頑丈ですが危険も伴います。管理職に相談し、線種や張り方を決めます。

洗濯ロープや金属線だと、ノートも挟んで掲示できます。学び方が伝播します。

壁に沿わせると、落ち着いた印象です。

日めくりカレンダーならぬ『日移動型カレンダー』を、廊下に貼ったワイヤーに全員分掲示します。今日の１枚は、教室に移動して貼ります。

教室や廊下の掲示スペースに、十分満足できている先生は多くはないでしょう。十分でないものは、つくりましょう。空中を活用する発想で、掲示スペースを増やすことができます。「空中掲示は教師！」、「手の届く高さ掲示は子どもたち！」エリアを子どもたちと分担します。

線を感じるから美しい！アライン線

何のため 学習環境を整えるため。

たとえば、「ランドセル」とロッカーの「手前のへり」を揃えると、ロッカーの全体が整って見えます。見えない「線」を感じると、私たちは本能的にすっきり整った印象をもちます。デザインの原則に乗っ取ったこの見えない「線」を『アライン線』（別名：整列線）と言います。

「ロッカーの手前のへり」に見えない「線」を感じることができます。『脱ひもぷら』（参照P.22）との合わせ技で、すっきり整った印象の教室に激変します。

ここがポイント！

「奥の壁まで押し込まない」ことがコツです。同じ物を同じように並べ置くことが多い学校では、『アライン線』を心がけることですっきりと美しい学習環境が整います。

靴の「かかと」と靴箱の「手前のへり」を揃えます。靴箱の「全体」にまで気を配れる一人ひとりの意識と行動があってはじめて見られる景色です。

ロッカーで保管する教科書や副読本も「手前のへり」に揃えて置くと、取り出しやすく美しい。

返却物なども、さりげなく『アライン線』を意識します。日常の景色が変わります。

ロッカーや靴箱は、無意識だと奥の壁まで押し込んで使いがちです。奥の壁に押し込まずに「手前のへり」に揃えることは、意識しないとできません。自分も相手も大切にできる「意識」です。公の世界で生きていく人たちに、ぜひ見えるようになってほしい景色です。

IDEA 06 教室環境

安全だから美しい！
脱ひもぷら

何のため　安全に美しく学習用具を保管するため。

ロッカーからひもがぷらぷらと飛び出している「ひもぷら」状態は、足や物などが引っ掛かってしまい、思わぬ事故の引き金となりえます。見た目も美しくありません。「機能美」と言い、合理的な物事には美しさが伴うものです。『脱ひもぷら』は、安全だから美しいのです。

共用ロッカーなど1か所に絵の具セットを集めて保管する場合はひもの有り無しの差が顕著です。突っ張り棒でロッカーを棚化しています。
参照：拙著『教室ギア55』突っ張り棒

ここがポイント！

学校で保管する絵の具セットは、ひも（ストラップ）を取り外します。取り外したひもは絵の具セットにしまいます。保管しておく時間が長く、毎日使う物ではない物こそ、こうしたひと手間を惜しみません。

必要な場合は、ひもを取り付けて使います。習字セットのひもも、普段の学校生活で取り外して困ることはないようです。学期末は、荷物の少ない日に持ち帰ると肩掛けの必要がありません。

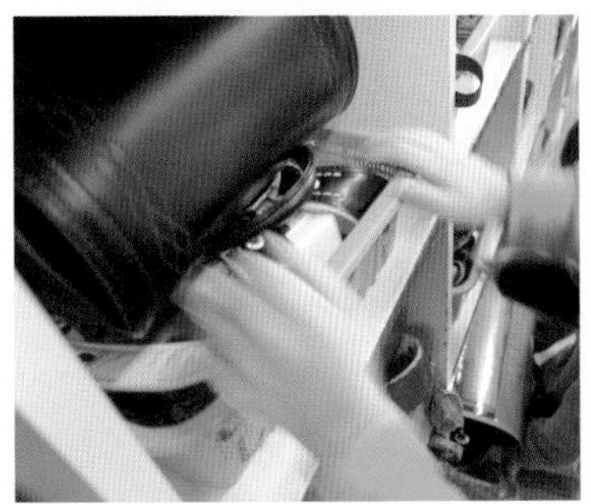

個人ロッカーから「ひもぷら」しない収納を日々心掛けます。水筒のひもと防犯ブザーが要注意です。

「探検バッグのひもは袋部分にしまって片付けよう！」とクラス会議で話し合いました。自分たちで決めたことだから自分ごとになります。

水筒や探検バッグはひもを使用する頻度が高いため付けたままが望ましいのですが、学校で最も「ひもぷら」になっている代物でもあります。「脱ひもぷら作戦」を子どもたちが話し合って実践します。話し合って子どもたち自身が決めたアイデアが何よりも効果抜群です。

IDEA 07 教室環境

バチっとしない！

静電気除去シート

何のため **静電気を防ぐため。**

「バチっ！」冬場の静電気はとても厄介です。セルフガソリンスタンドにあるような『静電気除去シート』と同じ役割をするのが、何と『布ガムテープ』です。

インパクトのあるデザインを子どもたちと作成すると楽しいです。

ここがポイント！

「貼る場所」が重要です。金属の近くに『静電気除去シート』を貼らないと、うまく放電せず効果が期待できません。電気を一気に流さない物に一度触れてゆっくり放電することで「バチっ！」を防ぐ仕組みです。

『布ガムテープ』が『静電気除去シート』と同じ役割をします。金属製のロッカー、ドアノブ、端末の保管庫など、よく触る場所に１枚あると優しいです。

静電気を除去するシートやスプレーなど様々な商品が開発されていますが…いいお値段します。

布ガムテープは、春になったら『シール剥がし』で美しくします。

一人一台端末を扱う機会が増え、静電気の発生回数も増えている感じがしませんか？（私だけかも）神は細部に宿ります。思いやりギアが、教室を温かく包みます。『布ガムテープ』は、年度末に『シール剥がし』と『スクレーパー』で跡形もなくきれいに剥がすのがマナーです。

使うときだけ持ってくる！ 工具３兄弟

何のため　打つため、挟むため、回すため。

『工具３兄弟』で、教室が学びやすい環境にカスタマイズできます。

① 『ハンマー』

② 『ペンチ』

③ 『ドライバー』

…でも、ちょっと待った！　便利な一方で、「危険物」でもあることを忘れてはいけません。

「危険物」でもある工具類は、「使うときだけ持ってくる」ようにします。

ここがポイント！

「便利だから」と安易に教室に「足し算」する発想に…待った！　工具類は、子どもたちの手の届かない場所に保管しなくてはいけません。「使うときだけ持ってくる」のが良い物もあります。安全第一です。

『ハンマー』で「ステップル」を打ち込んで配線を整えます。『テレビ裏秘密基地』（参照P．126）として空間を有効に活用できます。

『ペンチ』で、画鋲の折れてしまった「とげ」を引き抜きます。安全な掲示板になると、子どもたちの手による更新頻度が上がります。

『ドライバー』でエアコンの「リモコンホルダー」を移設します。リモコンが最も反応するエアコンの真下がベストポジションです。

「危険物」を教室に持ち込んでしまっていないか？　何度でも点検しましょう。「使い終わったら戻す」ことが大切なギアも、実はたくさんあります。子どもたちが触って良い物、勝手に触らない物など、ルールの徹底も重要です。何度でも言います。安全第一です。

IDEA 09 給食時間

自己管理でたためるようになる！
たたみたくなる給食着

何のため 給食着を美しくたたむため。

【やり方】

1　給食着を背中合わせに半分に折る。

2　両袖を２回折る。

3　本体を半分に折って、さらに半分に折る。

各自のロッカーで給食着を自己管理することが「たたむ」習慣化に効果的です。

ここがポイント！

「たたむ」という行為を習慣化するために、各自のロッカーで給食着を管理することが有効です。「環境で習慣が変わる」良き例です。一人一台時代を生きる子どもたち、給食着を個人持ちする学校も増えています。

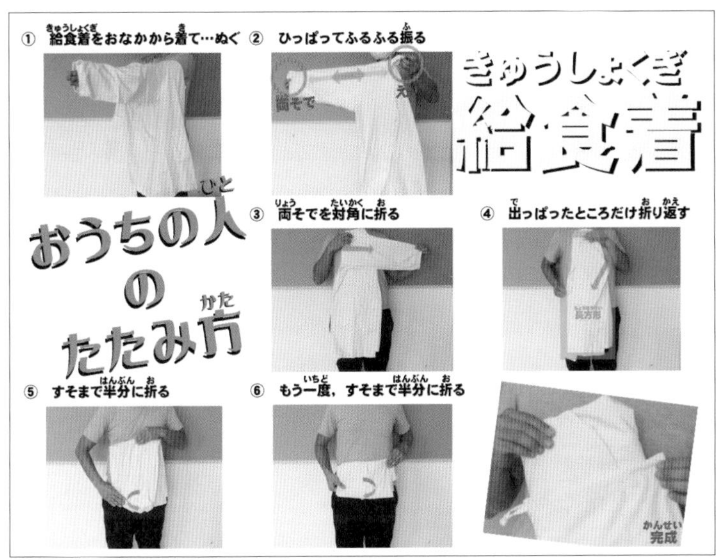

「おうちの人のたたみ方」を合言葉にします。長袖の体育着やシャツなども美しくたためるようになります。「胸のアイロン台」をうまく使うことがポイントです。練習も大切です。

『たたまないと入らない給食着ボックス』を自作したこともあります。

共用フックは使用しません。掛けると丸まってしまって、たたんだ実感が薄れるためです。

共用スペースを極力使わない制約がコロナ禍にありました。しかし、そこで気づきました。各自がロッカーで給食着を管理する方が、子どもたちはきれいに「たたむ」のです。共用フックの使用はやめました。デフォルトの教室環境を鵜呑みにしない発想も大切です。

実はスーツやジャージよりも着用する回数が多い！

アウトドアエプロン

何のため　190日もの給食指導をご機嫌に過ごすため。

私たち教師が１年間で190日も身につけている物があります。給食指導時のエプロンです。スーツやジャージよりも、実は着用する回数が多いのです。私が使用しているのは『アウトドアエプロン』です。

給食指導時に着用するエプロンにこだわってみましょう。自分らしいデザイン性と機能性のエプロンを身につけて、190日／１年の給食時間をご機嫌に過ごしましょう。

ここがポイント！

『アウトドアエプロン』は、水や汚れが沁みにくい素材でできています。正面の裾ジップを開けるとスリットになって、屈みやすいのが特徴です。裏側に脚を通すと、バタつきが抑えられて動きやすいです。

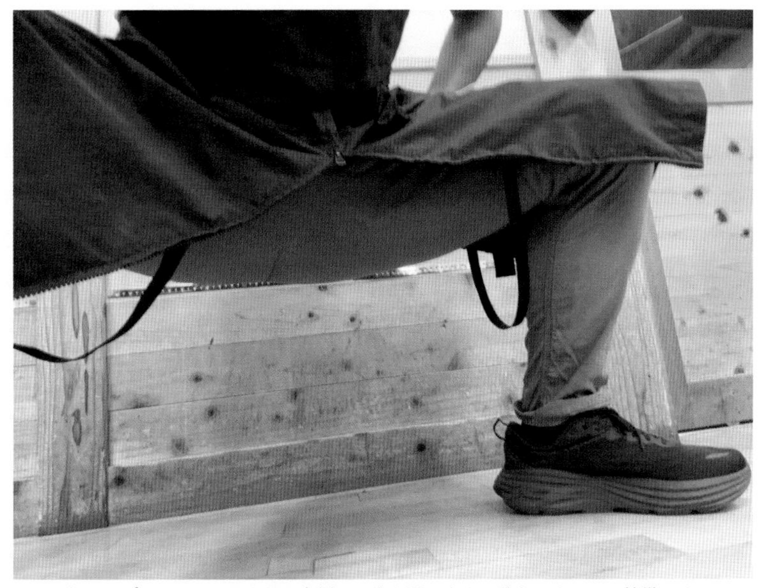

正面の裾ジップはスリットになり、裏側には脚を通せます。動きやすいのが特徴です。

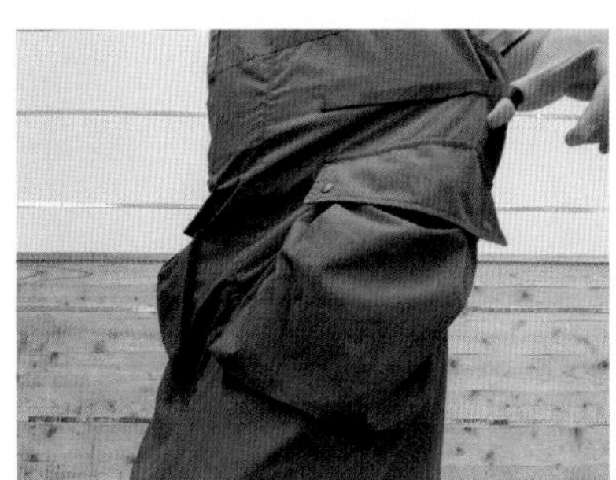

深めのポケットには何でも入り、デイジーチェーンには様々な道具をぶら下げられます。

アウトドアシーンでは、風呂敷のように薪や食材を運べてしまうタフな素材でできています。

火の粉に耐えられる高い難燃性まで備えています。学校給食の時間には、はっきり言ってオーバースペックです（笑）。でも、いいのです。毎日使う物だからこそ、ご機嫌になれる妥協なき逸品を身につけましょう。無論、安くて良い物もたくさんあります。

自分色のMy箸！
チタンカトラリー

何のため 給食を美味しく楽しく食べるため。

My箸にもこだわりましょう。毎日口にする物です。『チタンカトラリー』は、軽くて丈夫、自分色に焼き色を付けることもできます。

『チタンカトラリー』は機能性抜群。洗練された銀色の外観そのままも、とても美しい。

ここがポイント！

チタンは非常に軽量なのに耐久性があって錆びにくく、長寿命です。金属臭もほとんどしないので、料理の味を損ねません。アウトドアシーンでも重宝されてきた最強素材を用いたカトラリーです。

食べることは生きることです。毎日口にする物だからこそ、選び抜いた逸品と共に過ごすことで、人生は豊かになります。

トーチバーナー（鍋用カセットボンベに取り付けて使えるバーナー）の炎を、チタンに当てると数十秒で変色が始まります。独特のタマムシ色は「ヒートグラデーション」と呼ばれ、とても魅力的です。２回、３回と焼き重ねることもできます。チタンは熱伝導性が低いため、熱い料理を持っても手が熱くなりづらいのが特徴ですが、焼き色を付ける際は、厚手の手袋をするなど火傷に十分注意しましょう。

チタンは高温で酸素と反応して酸化チタンになると、表面に薄い酸化被膜を形成します。酸化被膜が光の屈折を生み、光沢のある青や紫の「ヒートグラデーション」が発生します。世界に一つの美しいMy箸がトーチバーナー１本で簡単につくれます。

掃除ロッカー最大の点検ポイント！ S字フック

何のため 掃除ロッカーが美しく整うため。

掃除ロッカーの最大の点検ポイントが『S字フック』です。数が足りなかったり、歪んでしまっていたり、大きさがバラバラだったりするために、雑然としている掃除ロッカーが学校には何と多いことでしょう。

『S字フック』が揃っているだけで、清掃活動に取り組む子どもたちの姿は変わります。自在ほうきを丁寧に扱うようになり、日頃の所作が激変した子もいます。

ここがポイント！

掃除ロッカーの『S字フック』は清掃主任と事務職員に早急に相談して、同じ規格で十分な数を購入してもらいましょう。特に、特別教室や廊下や階段の掃除ロッカーが鬼門です。

『S字フック』とそこにかける掃除道具に対応したビニールテープを貼ります。フックに掛ける意識が身についたら、ビニールテープは「無くす」ことが大切。自転車の補助輪と同じです。

ほうきの毛先が床に着いてしまうと、毛が痛みやすく、ぶら下げている意味がないのですが…そんなロッカーが学校には結構ありますよね。

ぶら下げた自在ほうきの下にバケツまで収納できました。『S字フック』が揃っていると、ほうきの毛先に『アライン線』(P.20参照)を感じます。美しいです。

掃除ロッカーが整っていると、整った気持ちで清掃活動に取り組むことができます。道具が人を育てる良い例です。『S字フック』とそこにかける掃除道具に対応したビニールテープを貼ると、かけて戻す意識が身につきます。身についたら「無くす」ことで、本物の力になります。

安定するから美しい！
ぶらつかないつづりひも

何のため　ぶら下げた物の安定感が良くなるため。

学校現場における、ぶら下げ定番ギアが『つづりひも』です。しかし、本来は書類を束ねるための道具です。ぶら下げて使用するには、そのままでは長過ぎる。今すぐ『ぶらつかないつづりひも』に改造しましょう。

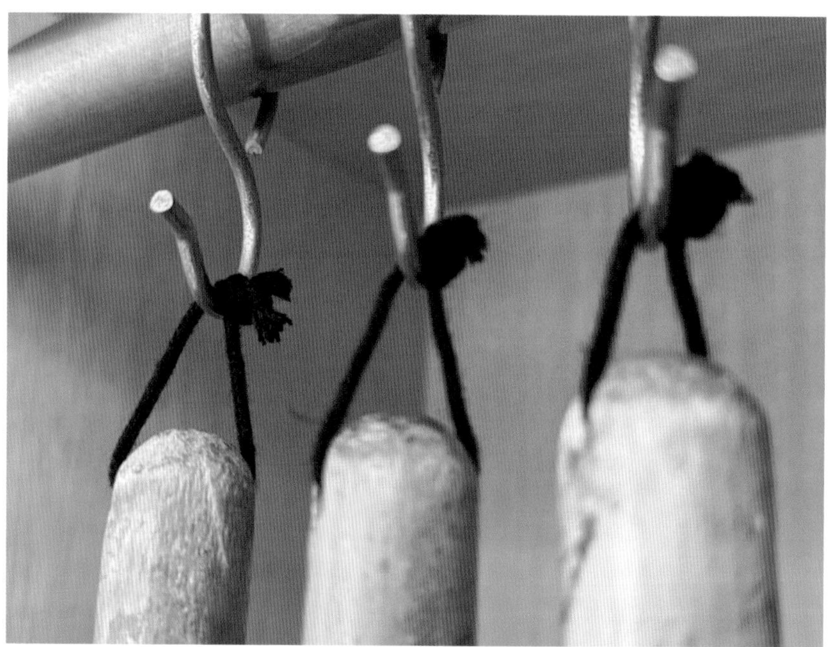

つづりひもは「短く」します。写真の輪っか部分は２～３cm（指２本分）です。長さをぴったり揃えると、『アライン線』（参照P.20）を感じ、美しいです。

ここがポイント！

つづりひもは「短く」結びます。余分なひもはハサミで切ります。『ぶらつかないつづりひも』にするこのひと手間で、収納時の安定感が大きく増します。

余分なひもはハサミで切り落とします。書類を束ねる本来の使い方では、結び目をほどいてくり返し使いますが、ぶら下げて使用する場合はほどくことはまずないからです。

つづりひもが「無い」方がすっきり収納できる場合が結構あります。掃除道具＝つづりひもというバイアスにとらわれてしまっていませんか。

『結束バンド』を使用されている先生もいらっしゃいます。ぶらつきません。

参照：拙著『教室ギア５５』手作り両面ミニホワイトボード
机横のフックに掛ける学習用具類も、ぶらつかなければ床に落下しません。

あえて、『ぶらつくつづりひも』にするメリットもあります。それは、いくつも重ねてぶら下げられることです。フックの数が十分でない場合に有効です。…であれば、S字フックの数を増やしましょう（P.34参照）。フックと掛ける物は「１対１」が使いやすい。見た目もスマートです。

ゴミ箱の下がそのまま掃ける！
空中ゴミ箱

何のため　床には物が無いという意識と行動を浸透するため。

【作り方】

① A4用紙の空き段ボール箱にゴミ袋を取り付けます。

② 耐荷重を増すため、画鋲やフックで固定する部分を布ガムテープで補強します。

③ 布ガムテープで補強した場所を画鋲で掲示板に固定します。
（もしくは、穴あきフックを木製の扉や柱にねじ止めし、ゴミ箱に穴を開けて引っ掛けます。）

床に物やゴミが落ちていないことがあたりまえになります。

ここがポイント！

掃除の度にゴミ箱を運ぶ＆ゴミ箱を戻す手順を「省略」できます。掃除が圧倒的に効率よく行えるようになります。やってみると、効果の大きさを実感できます。床に物を置きたくなくなります。

ゴミ箱の移動の必要無しに、掃除ができます。やってみて効果の大きさを実感してください。

画鋲で取り付けるタイプです。『布ガムテープ』と『画鋲』の耐荷重はあなどれません。そして、ゴミ箱の底にはもちろん『アンダーゴミ袋』！
参照：拙著『教室ギア55』アンダーゴミ袋

フック（100円ショップDAISOで２個で100円）に引っかけるタイプです。フックから取り外すことが可能です。

「うちのクラスの床には物が無い！」というメッセージが子どもたちに印象づきます。床に物やゴミが落ちていないクラスは、荒れとは無縁です。『空中ゴミ箱』によって、床に物やゴミが落ちていないことが教室の「文化」として浸透していきます。

級友の顔を見ながら進行しよう！

ノンマニュアル朝の会・帰りの会

何のため **掲示や台本ではなく自分と仲間を頼るため。**

朝の会や帰りの会のプログラムを掲示したり、台本を手持ちしたりする学級があります。私も、以前は当然のようにそうしていました…。

しかし、これらは「無い」方が良い。『ノンマニュアル』で進行した方が、級友の顔を見ながら進行するからです。

試しに教室に貼ってあるプログラムの掲示物をはずしてみてください。台本を無くしてみてください。日直になった子は、級友の顔を見ながら進行します。

ここがポイント！

掲示や台本ではなく仲間を頼ります。進行が滞りそうになっても級友がサポートします。プログラムを復唱するようにするのがポイントです。日直「ペアトーク！」全員「ペアトーク！」日直以外の全員で日直当番を支えるのです。

日直当番に必要なのは、テキパキと進行する「心構え」です。前日の帰りの挨拶の直前に次のようなやりとりをします。
日直「明日の日直は、〇〇〇〇さんです。よろしくお願いします！」
全員「よろしくお願いします！」
次の日の日直「任せてください！」

日直の『腕章』（参照P.52）が気になる子もいます。着ける、着けないは自己選択です。

【シンプルな朝の会の例】

1　朝のあいさつ
2　ペアトーク
3　健康観察リレー

【シンプルな帰りの会の例】

1　ペアトーク
2　振り返りリレー
3　帰りのあいさつ

学級開き直後の朝の会、帰りの会のプログラムの例を掲載しました。学級で最も大切にしたいことを毎日の朝の会・帰りの会で行います。私は、①話を聞き合うことと　②名前を呼び合うことを大切にしています。そのため『①ペアトーク』と『②〇〇リレー』を朝の会と帰りの会で行います。５分程度で完結する、このようにねらいがシンプルなプログラムだと、日直も迷いません。

マニュアルが無くても進められるくらいの「シンプルな朝の会、帰りの会に！」という提案でもあります。プログラムの順番が変わっても良いではありませんか。掲示や台本に頼り過ぎてしまうことで、本来できることをやろうとしなくなってはいないか、考え直してみましょう。

読み聞かせのエンタメ度アップ！

紙芝居舞台

何のため 紙芝居の演出効果を高めるため。

『紙芝居舞台』を使うことで絵が引き立ち、画面が大きく見えます。視覚的な要素と参加型の要素が組み合わさっている紙芝居の旨味を存分に味わいましょう。

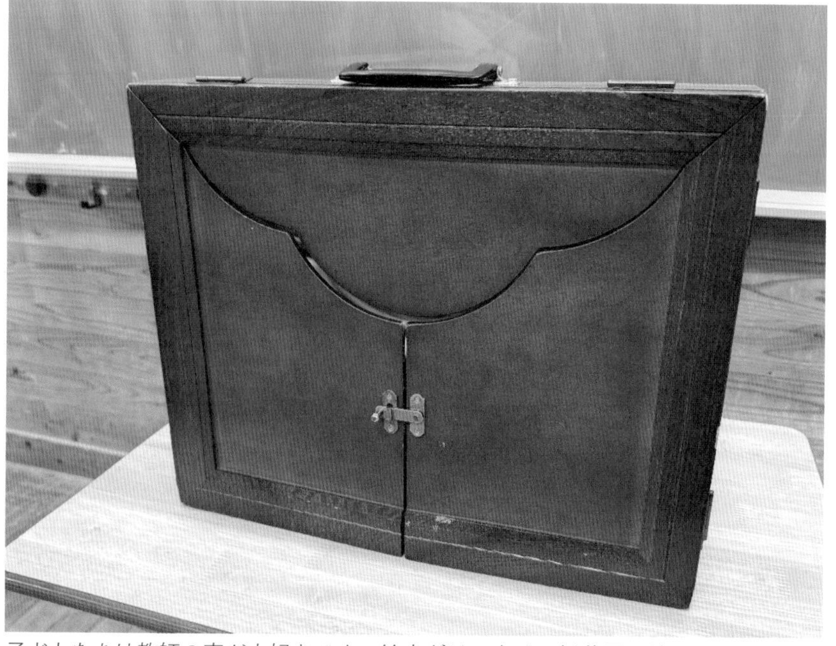

子どもたちは教師の声が大好きです。絵本だけでなく、紙芝居の読み聞かせもとってもいい。教師と子どもの関係構築にも絶大な効果があります。

ここがポイント！

『紙芝居舞台』は学校の図書室や地域の図書館で借りることができます。紙芝居の本気の実力を引き出す不易の道具です。集中力が高まるため、子どもたちの聴く力が育まれます。

声と連動して絵を少しずつ見せていく紙芝居ならではの演出。楽しい紙芝居を読んでいるうちに、みるみる教師の語りの力も磨かれていきます。

ワクワク感が高まり、子どもたちの聴く力を育みます。物語を共有する一体感もいい。

紙芝居は名作揃いです。図書室に眠らせていてはもったいない！

紙芝居を読み聞かせすることは、読み手の教師にとっても豊かな成長の機会になります。リズムや緊張感をコントロールする方法を体得し、聴衆を引き込む能力が向上するからです。子どもも教師も、良い環境で良い体験を重ねましょう。さぁ、『紙芝居舞台』を借りるだけです。

教室はアートな空間！
使い捨てペーパーパレット

何のため 共同制作で豊かな体験をするため。

『使い捨てペーパーパレット』で、教室を彩る共同制作のアイデアが広がります。洗った牛乳パックはとても優秀です。

『使い捨てペーパーパレット』で「味わい」のある制作物が教室に増えます。

ここがポイント！

片付けが超簡単、ゴミ箱に捨てるだけです。ニスやアクリル絵の具など、パレットに固着して取れなくなる心配がありません。口をしめておくと数日間、墨や絵の具を保管できる耐水性も申し分ありません。

『使い捨てペーパーパレット』に入れた墨汁で、個人目標を筆で書きます。子ども時代にしか書けない「味わい」が魅力です。

牛乳パックを洗って干しておくだけ。汎用性最強の回収ボックス『苗トレー』にぴったりです。
参照：拙著『教室ギア55』苗トレー

共同制作できる経験は貴重です。一人ひとりの個人目標を達成できるクラスの合言葉として、『3D学級目標』（参照P.46）の作成にチャレンジしてみましょう。

筆でしか表現できない「味わい」は、デジタルでは再現不能な魅力があります。個人目標や学級目標も、筆を使うことで愛着あるものに育っていきます。『使い捨てペーパーパレット』で筆の出番が増えます。子ども時代ならではの尊い体験がたくさんできる教室でありますように。

飛び出すインパクト！
3D学級目標

何のため 学級目標が印象づくため。

『3D学級目標』はインパクト絶大です。丸めた新聞紙をのり付けし、その上に色紙を包み込むように貼ることで平面の掲示物が「立体的」に変身します。掲示場所は上方部分を天井、下方部分を壁と「傾斜」をつけて掲示します。

「３Ｄ」にすることで、クラスのシンボルが華やかに印象づきます。

ここがポイント！

掲示物の裏側を、『布ガムテープ』で補強します。天井に固定する場合は、『画鋲』をスタッズベルトのようなイメージで等間隔に打ちます。２列、３列とすると、かなりの重量まで支えることができます。

子どもがデザインしたイラストを写真撮影します。この写真を拡大機で拡大（無い学校は模造紙などに手書き）します。「立体化」したい部分に、丸めた新聞紙をたっぷりののりで固定し、その上から色画用紙などを貼ります。

裏面を『布ガムテープ』で補強し、『画鋲』で固定した掲示物の耐荷重は驚異的です。

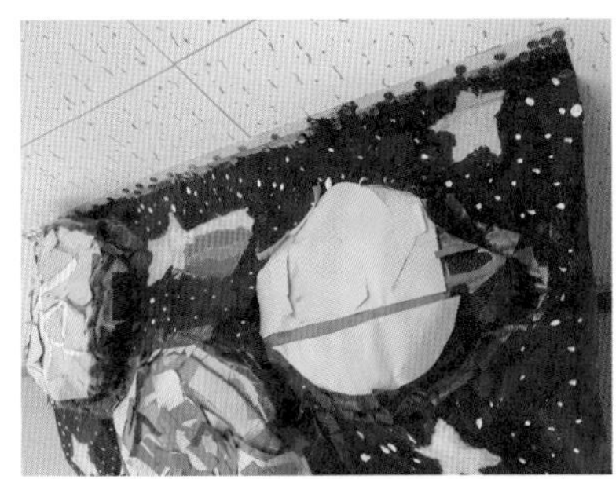

天井を活用し、「傾斜」をつけて掲示することで、飛び出してくる印象になります。

ふっくら「3D」にすることで、クラスのシンボルが華やかに印象づきます。力を合わせて共同制作です。『布ガム×画鋲』の耐荷重は驚異的ですが、天井の素材が画鋲止めできない学校もあります。危険の無い重さや素材や形の掲示物にするなどの安全配慮は欠かせません。

自分たちで活動を進める力が身につく！
アクションプランシート

何のため 自己実現をするため。

「○月○日までに□□□□□を☆回やります！」と宣言することの力は絶大です。係活動では、具体的な「アクションプラン」を設定して実践することで「為すことによって学ぶ」特別活動の本質に迫ります。『アクションプランシート』が後押しします。

曲げ板係コーナー（参照P.2）を活用し、アクションプランシートを子どもたち自身の手で更新します。背景と化してしまう係カードは必要ありません。

ここがポイント！

「アクションプラン」が具体的なので振り返りが機能し、「次」への一歩が踏み出しやすいのが利点です。期日に振り返り、この後「継続」するか、「解散」するか、「新設」するか決めます。

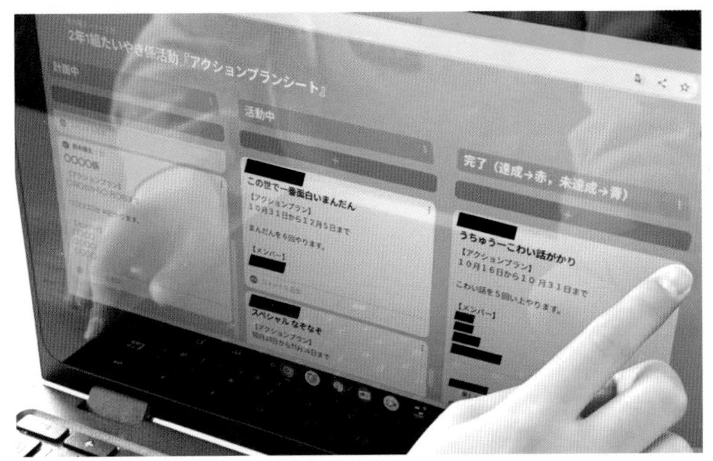

Padletを活用した『クラウド版アクションプランシート』です。複製して記入したシートを、計画中→活動中→完了と自分たちで移動し、達成できたら赤、未達成は青に色を変えます。

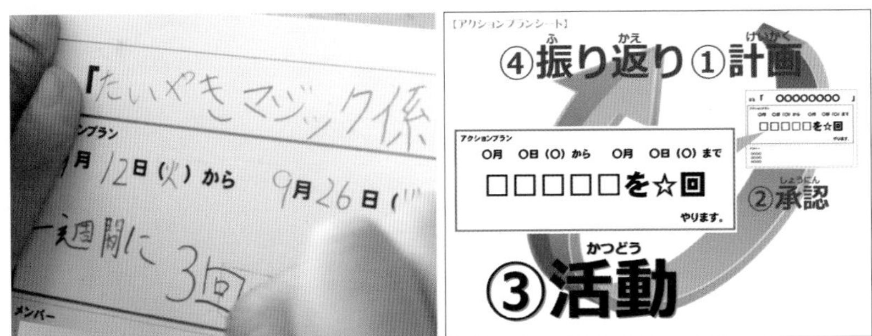

自分たちで活動を進めていく力は、実体験と振り返りを積み重ねないと磨かれません。PBL（Project Based Learning＝課題解決型学習）と呼ばれて注目されています。学年関係なく、1年間のいつでも始められる係活動から、ぜひ！

参照：スージー・ボス＋ジョン・ラーマー（著）池田匡史・吉田新一郎（訳）（2021）『プロジェクト学習とは　地域や世界につながる教室』（新評論）

2週間などと短期間から始め、目標達成の成功体験をまずは短いサイクルで積み重ねます。子どもたちに委ねるタイミングが、ずばり「アクションプラン」を自分たちで設定できるようになったときです。活動期間の決定や掛け持ちなど、活動の幅を広げましょう。

IDEA 20 学級活動

夏はやっぱり！水鉄砲合戦

何のため 季節を楽しむため。

夏といったら『水鉄砲合戦』です。子どもたちの「やりたい！」を実現しましょう。

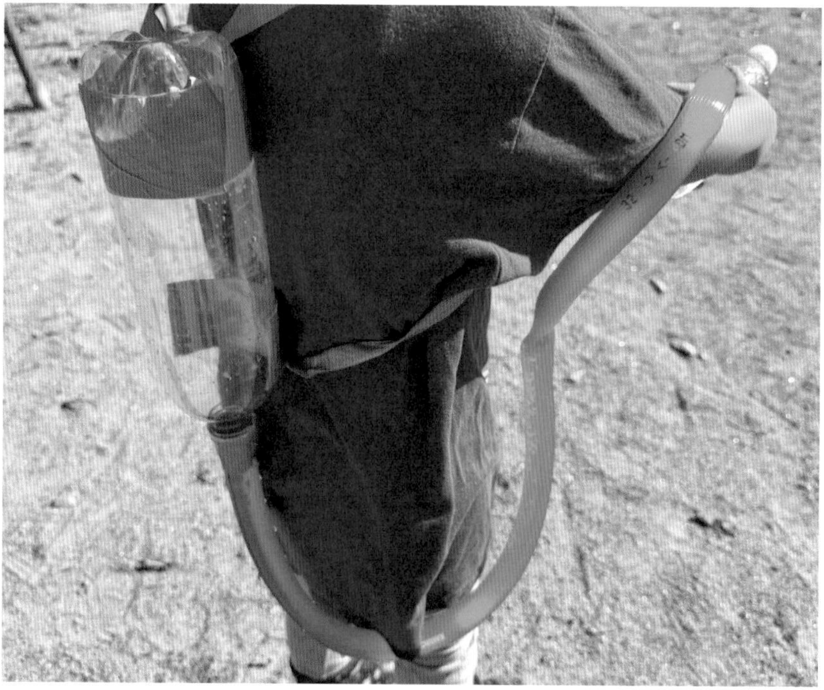

ペットボトルに水を入れ、指で押し出すだけの『手作り水鉄砲』が、侮れません。そうは言っても、自慢の『水鉄砲』を持ってきたい子は結構多い。

ここがポイント！

「給水スポット」が十分にあることが『水鉄砲合戦』の成否を左右します。『バケツ』、『ホースリール』、『ポリバケツ』、『一輪車』など、学校にある物を駆使して、子どもたちと水を汲んでおきましょう。

『バケツ』をかき集めて「給水スポット」をつくります。子どもたちだけで準備も片付けもできます。

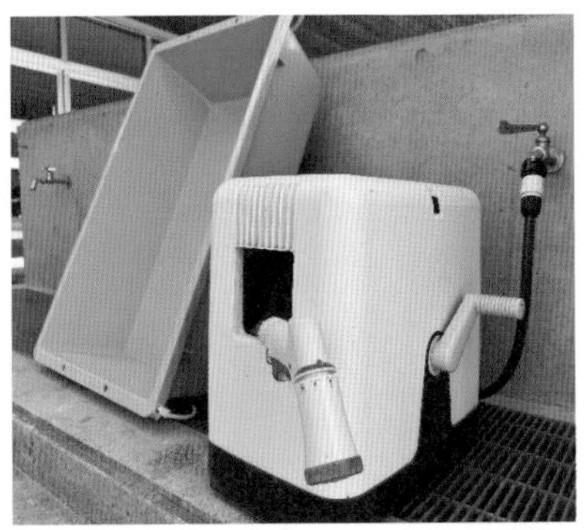

『ホースリール』が伸びるところまで、水を届けます。

『ポリバケツ』×『一輪車』で移動できる「給水スポット」をつくります。『ホースリール』が届かない場所もこれでばっちりです。

『My竹水鉄砲』を一人一本手作りしたこともあります。地域の方々の協力もあって実現した壮大なプロジェクトでした。忘れられません。

学年や、クラブ活動で実施したこともあります。安全であれば『水鉄砲合戦』のルールは「とにかく水をかけ合う」ぐらいシンプルな方が楽しいです。正直に言います。「やりたい！」が一番大きいのは先生です。先生がおもしろがることを、私はこれからも大切にしていきます。

プロフェッショナルの証！
腕章

何のため　特別な立場を識別し、職務に対するプロ意識をもつため。

『腕章』を着けることで、特別な立場を識別することができます。着けている本人の職務に対するプロ意識を育むことにつながります。

中身を入れ替えられるタイプの『腕章』は学校行事や児童会活動で活躍します。児童会行事の実行委員メンバーが同じ『腕章』を身に着けることで、チーム力が向上する効果もあります。特別な立場に「なりきる」ことで力を引き出します。

ここがポイント！

なったと胸を張るためには、なりきる「過程」が必要です。周りも認める「証（あかし)」によって引き出される力があります。私はその力の絶大さを知っています。

私は、小学5年生から参加している夏休みのキャンプで、ビデオカメラマンを任されました。そのときに身に着けていたのが『私がカメラマンです。』という『腕章』です。身に着けると、初めて出会う人の輪の中にもぐいぐい分け入ってインタビューすることができました。大きなやりがいを感じ、私はスタッフの先生方と同じように教員になる道を選びました。

日直当番（参照P.41）の『腕章』です。無くても良い。でも、あると、その１日の学級を代表する役割を、本人も周りも自覚します。着けるかどうかは本人が選んでいます。

サッカーの『キャプテンマーク』を、スポーツやレクに取り組むときに身に着けるのも燃えます。

夢叶えて教員となると、私は自ら『腕章』を外していました。正真正銘のキャンプのスタッフになったからでしょう。いずれは必要なくなるこれらのギアの存在価値は、「過程」がおもしろがれるようになることです。子どもたちと過ごす圧倒的多くの時間は「過程の時間」です。

IDEA 22 学級活動

保管場所注意！
タイムカプセル

何のため　思い出を保存するため。

『タイムカプセル』を、約束していた20歳の成人式の日に再会して開封しました。本当に「いい時間」を過ごさせてもらいました。

…だからこそ、「保管場所」には十分注意をしなくてはいけません！

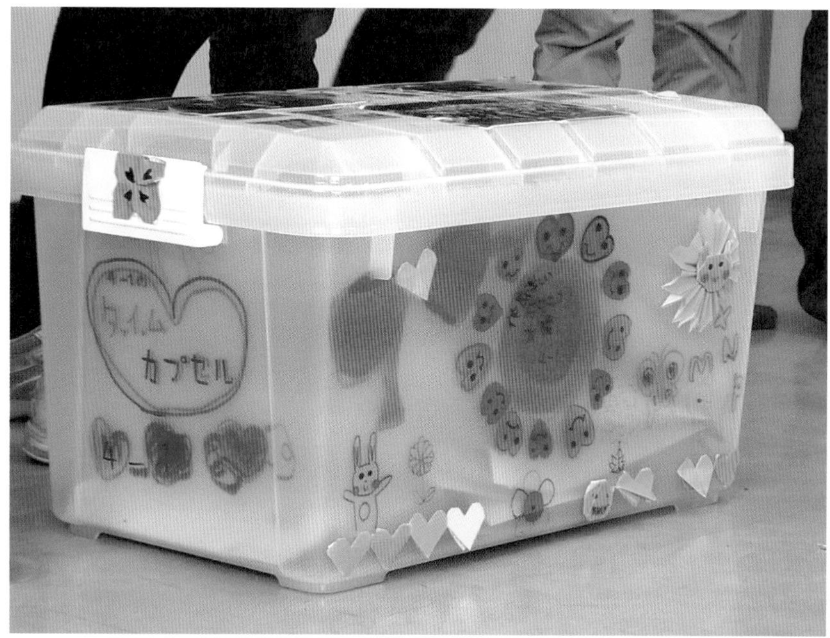

2011年東日本大震災があった年度に担任した子どもたちと、特別な願いも込めてつくった『タイムカプセル』です。『衣装ケース』でつくりました。

ここがポイント！

保管場所として、学校の一画を占拠してしまう方法は、これからはもう適切ではないでしょう。「担任が持つ」、「保護者にお願いする」、「子どもたちが一人一つ自己保管」です。「業者に依頼する」選択肢も有りです。

開封する前年に大きな地震がありました。前任校の一画に置いていた『タイムカプセル』が、壊れてしまったと連絡をいただきました。奇跡的に中身は無事でした。開封までの１年間は私が預かりました。ホッとしました。

…しかし、ハッ！としました。

地元を離れる子がいます。我々教職員は異動があります。教頭先生が温かく対応してくださいましたが、実は管理を押し付けてしまっていたわけです。『タイムカプセル』に関わってくださったすべての方々に、この場を借りて深く感謝いたします。

「やってみたい！」という子どもの声を実現する術もアップデートが大切です。タイムカプセル業者もあります。

20歳の成人式の日、たのもしく成長した子どもたちと再会し、開封しました。「いい時間」を過ごさせてもらいました。これから「もっといい時間」を過ごそう！　と、またそれぞれの道へ進んでいきました。

宝物のような「いい時間」を振り返ることは大切です。しかし、これから「もっといい時間」を過ごしていけることが人生では大切だと考えます。子どもたちと先生方の「もっといい時間」につながる提案もできるように、私は出会えた縁を大切に新しいチャレンジをし続けます。

授業編

IDEA 23 授業

丸付けはこれ！ 赤プロッキー

何のため　やる気になる採点のため。

『赤プロッキー』（uni）がマイフェイバリット採点ペンです。学生時代～教員時代の20年超…あらゆる採点ペンを試してきました。教員の手が汚れない！　子どもが喜ぶ！　水性マジックペンの王様に辿り着きました。

学校現場の超定番『赤プロッキー』が採点ペンのベスト１です。

ここがポイント！

液漏れによる「手の汚れ」の心配と無縁です。実は、「替えインク」があり、事務職員に相談して箱買いしてもらっています。赤色だけ10本教室にストックし、５本以上まとめてインク交換をしています。

「太字」で「まるーっ！」とインパクトがある丸付けをしています。「A」や「SA」もでかでか書くようになり、子どもたちが学ぶことに前のめりになったように感じます。

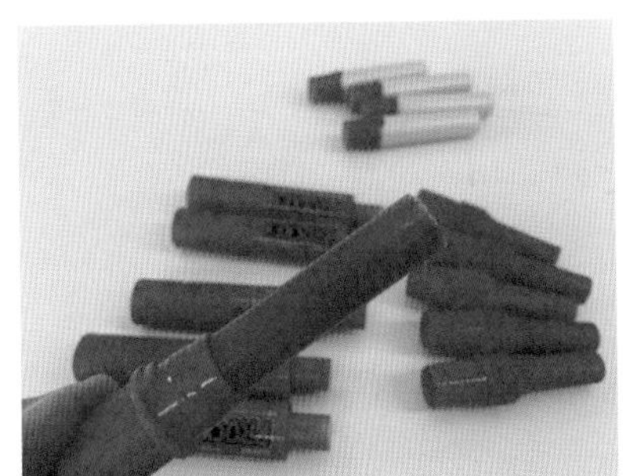

インクの交換はまとめて行います。

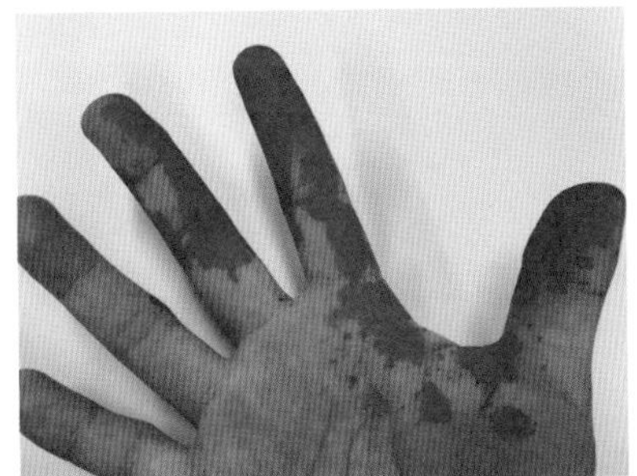

『赤プロッキー』は…こうならない！企業努力に脱帽です。

子どもたちは「太字」によるインパクトのある丸付けを喜びます。「細字」と使い分けることも可能です。教材や掲示物などあらゆる手書きを万能に引き立てるのが、学校現場で愛され続けてきた所以です。『プロッキー』さえ教室に置いておけばオッケー！　なのです。

IDEA 24 授業

迷わずこの一択！ 検ぞう

何のため ノートチェックを合理的に行うため。

ノートは書いたら必ず集めます。作文やプリントなども含めると、毎日膨大な数になることもあります。『日付つきハンコ』一択と決めました。ぞう（象）のデザインなので『検ぞう』と呼んで、子どもたちに人気です。

SANBYクイックデーター31mm10号丸隷書体ゾウ１（上段：検、下段：氏名）でオーダーメイドしました。高橋朋彦先生に教えてもらい、今では手放せないマストギアです。

参照：髙橋朋彦・古舘良純（2020）『教室の願いをかなえるちょこっとアイテム』（明治図書出版）

ここがポイント！

即チェックと即フィードバックを叶えるのが『検ぞう』です。日付が入るのも合理的です。「ノート類は必ず先生が見る」と浸透すると、子どもたちの書く作業の精度がみるみる向上していきます。

見たら、ポンッ！迷わず、ポンッ！子ども同士でコメント交換し合ったものにもポンッ！

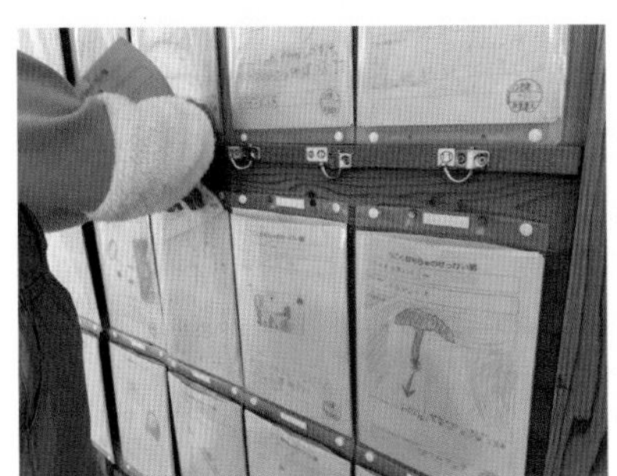
チェックを受けた人から『子どもの手の届く高さファイリング』（参照P.16）に自分で即・掲示をします。

業界最大手のため、サンビーの替えインクは学校の事務室に必ずあります。ランニングコストがかからない点は魅力です。

キャラクターものの大量のスタンプから選んでいたこともありますが、今は書き終えた物は『検ぞう』をポンッ！迷いなく、ポンッ、ポンッ！教師のノートチェックの負担感は激減したのに、子どもたちの書く力は右肩上がりです。オーダーメイド代のもとは十分取りました。

IDEA 25 授業

大は小を兼ねる！
メガ黒板消し

何のため　黒板の高い場所や広い範囲を消すため。

『メガ黒板消し』で、低学年の子どもたちも黒板の高い場所を消すことができます。高学年の子どもたちも、広い範囲をパワフルに消すことができます。事務職員さんにお願いすると消耗品で買ってもらえます。

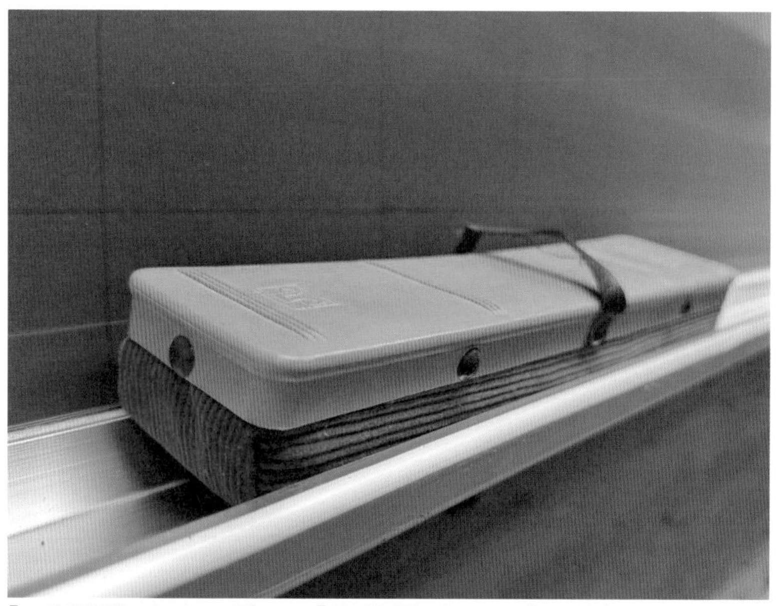

『メガ黒板消し』は、正確には『長黒板消し』です。幅は通常サイズと変わらないため、粉受部分に置いても違和感なく使えるのがとても良いです。

ここがポイント！

学校で使う定番の事務用品類は、実は様々な大きさで発売されています。「大は小を兼ねる」という言葉通りの一方…大きくなると収納に手こずる点は要注意です。『メガ黒板消し』は、それがないから優秀◎

低学年の子どもたちも、黒板の高い場所を消すことができます。ビッグラーフルの使い方を樋口綾香先生が紹介しています。参照：ちょこっとLab著（2023）『小学校ちょっとで効果じわじわ授業がうまくいくアイデア100』（明治図書出版）

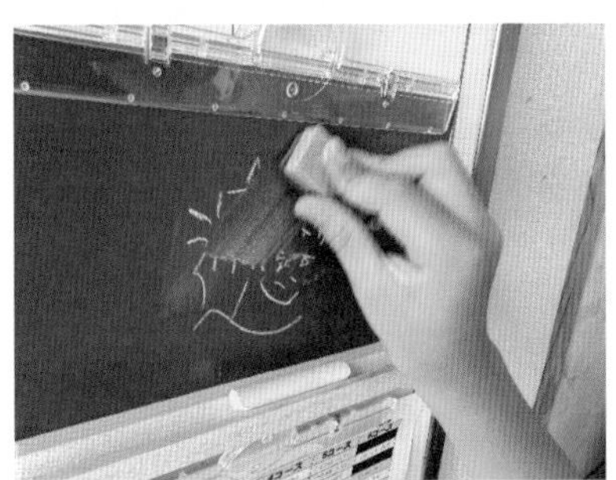

『ミニ黒板消し』もあります。壁掛け用のミニ黒板などとセットで使うと可愛いです。

『メガ自在ほうき』があります。しかし、一般的な掃除ロッカーの規格では収納しづらい点がデメリットです。

『メガ○○』を探してみるとまだまだ掘り出し物がありそうです。『教室ギア55』で紹介した『メガドッジビー』がとても好評でした。しかし、モノには収納のための「コスト」が発生します。『ミニ○○』を探してみる価値もあります。

IDEA 26 授業

変わらない使い心地！ my大型定規

何のため 板書が安定するため。

『大型定規』は、使い慣れていない物が新年度に割り当てられることが結構あります…。板書のたどたどしさを物のせいにしないために、初任時代に『my大型定規』を購入しました。

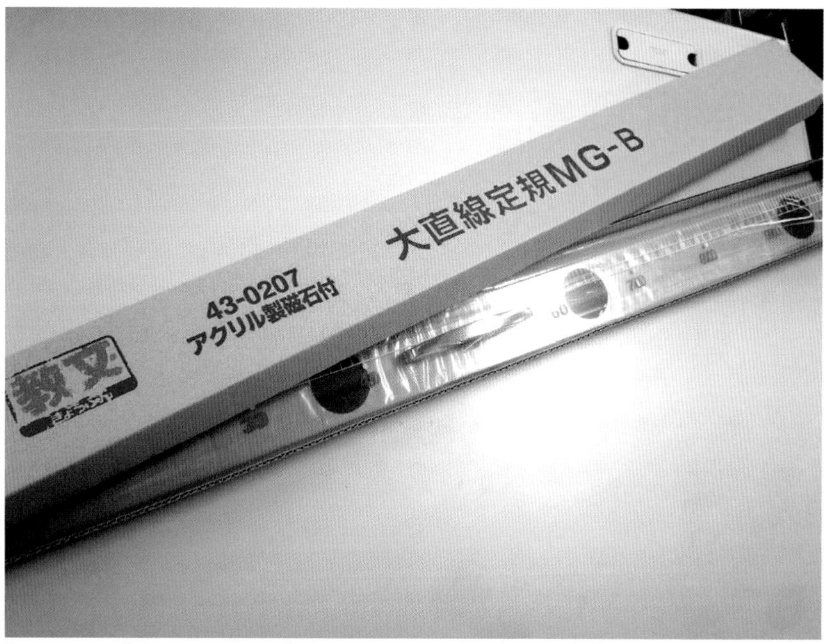

『my100cm定規』は手に馴染んでいきます。新年度の新学級になっても使い心地が変わりません。異動の不安も小さくなります。

ここがポイント！

私は、板書の文字が見えるように「透明」で、黒板に「ほどよく吸い付く磁石」を条件に選びました。算数教材室に様々なタイプの『大型定規』がある場合は、交換していろいろ試してみましょう。

『my60cm定規』も小回りが利き、扱いやすいです。

黒板に貼りっ放しをやめたら、教室全体がすっきりとした印象になりました。つづりひもも付けません。磁石が黒板にほどよく吸い付かなくなるためです。

黒板周りの形状によりますが、黒板の「上」に置くのが簡単です。黒板の「下」にフックを付けられれば、日本刀のように収納するのも格好良いです。

遠い異国の地に来ても知り合いがいる、そんな安心感と似ているかもしれません。私は、たとえ弘法大師の域に達したとしても、「使う道具は選ぶ派」です。一方で、人間は３ヶ月もすれば「慣れる」生き物です。まずは、あらゆる物を使ってみる経験も大切です。

スパルタが心地いい！
パーフェクトチャレンジ

何のため　テストのうっかりミス対策のため。

【『パーフェクトチャレンジ』のやり方】

① 早く解き終えたら、見直し→解き直し→指で隠して「書き直し」をする。

② 満点の自信がある場合のみ、一足早い採点に挑む。

③ 表裏満点だと、黒板に描いた栄光のトロフィーに名を刻める。

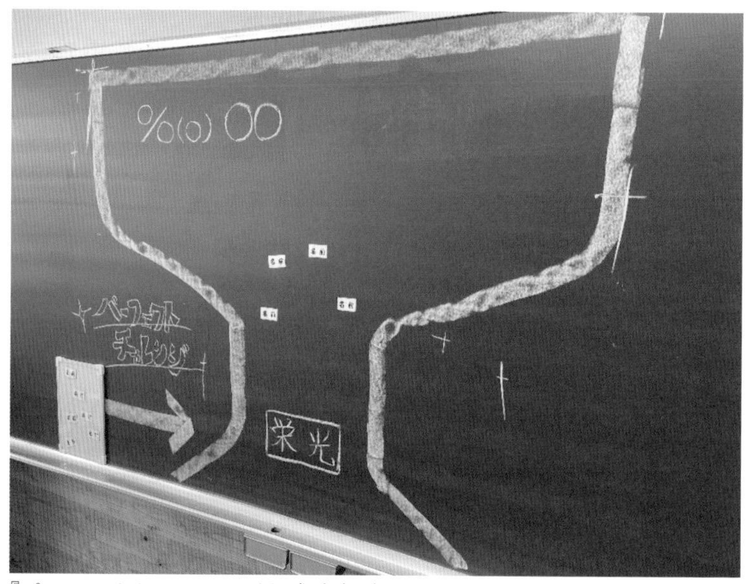

『パーフェクトチャレンジ』成功者だけが、栄光のトロフィーに『名前マグネット』を貼れます。

参照：拙著『教室ギア55』名前マグネット

ここがポイント！

早く終わった子のうっかりミス対策で始めました。目で見るだけの見直し、頭で考えるだけの解き直しでは改善されないため、書いた答えを指で隠して、解答欄の横に「書き直し」する学び方を推奨しています。

45分間の授業時間内に、採点と直しまで行うのが望ましいです。教師の採点の仕方も工夫が必要です。教室の後方で教師と子どもが真横に並ぶ横並び型で行います。祈るように答案用紙を見つめる子どもと一緒に、間違い箇所だけを素早くチェックします。丸は後から付けます。満点だった子と固い握手（又はグータッチ）を交わします。これがとってもうれしいようです。

写真のテストは『算数Ａプラス』（文溪堂）

タイマーが鳴ったら全員分のテストを回収し、教師は間違い箇所のチェックを早急に行います。この間、子どもたちは自席で静かに自学に取り組みます。採点を終えたら、全員分のテストを一旦返却します。テスト中は「無言」、テスト返却後は「学力が伸びる対話はどんどんする」ことにしています。直したテストは再び全員分回収します。丸はこのときに付けます。極力その日のうちに得点の記録をして返却までできるように、１校時か２校時にテストの時間を設定します。

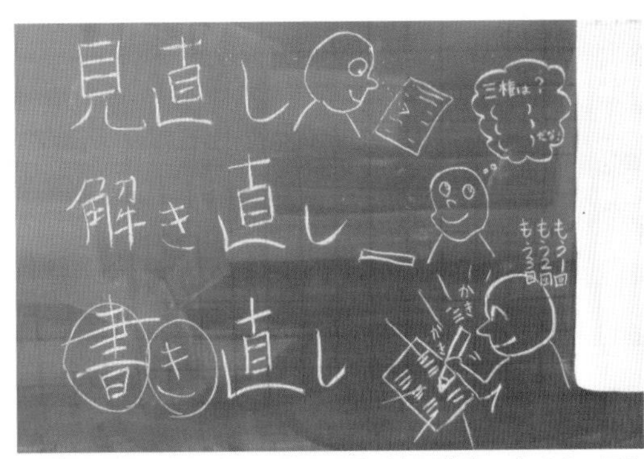

理解力と速記力のある子たちの学び方が教室に広がり、平均点も向上します。

テストに臨む意気込みや、凛とした緊張感は大切です。一方で、満点だけをよしとする完璧主義に陥ってしまうと子どもも教師も苦しくなってしまいます。ほどほどの「あそび心」も大切にしながら、子どもたちと楽しみながら取り組んでいくのが秘訣です。

音読がうまい学級のマスコット！ チキン君

何のため　理想的な発声環境を瞬時に生み出すため。

『チキン君』がいるだけで、みるみる声が出せる学級になります。

「面白い音」の出具合いは、腹の押し具合いで変わります。笑いをこらえられません！

ここがポイント！

「全開の目と口」は音読や合唱の手本のような表情です。腹を押すと叫び声のような面白い音が鳴る人形（びっくりチキン）です。つられて笑ってしまいます。理想的な発声環境を瞬時に生み出します。

「全開の口と目」は、音読や合唱のモデルになる表情です。「指３本が入るぐらい口を縦に開けましょう！」、「眉毛を２㎝上げましょう！」と導くことも大切ですが、合言葉は「チキン君の顔！」…いい声が出ます◎

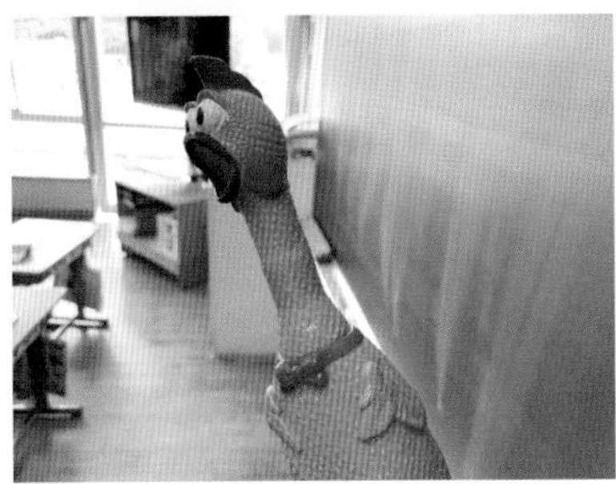

指揮棒のように振ってみたり、机間を巡ったり、合唱でも大活躍です。

『ミニチキン君』もいます！

「声づくりは学級づくり」と、初任時代に先輩教師に教えられました。仲間と声を合わせる心地よさって、やっぱりあります。温かな笑いが溢れ、声が出せる学級は、子どもたちがいきいきと伸びていきます。先生も笑えていますか？　「あそび」も大切です。

観察の質を上げる！
紙コップスコープ

何のため　観察するポイントを焦点化するため。

【作り方】

① 紙コップの底を丸く切り抜きます。

② イラストを描いたり色を塗ったりします。

③ 『紙コップスコープ』の完成です。

観察のポイントが身につくナイスギアです。
山梨県の村田祐樹先生に教えてもらった実践です。

ここがポイント！

『紙コップスコープ』の穴から覗く（視覚）・聴く（聴覚）・嗅ぐ（嗅覚）ことで、視覚・聴覚・嗅覚に集中して観察ができます。対象の観察場所も焦点化することで、観察のポイントが身につきます。

『紙コップスコープ』を一生懸命覗き込む子どもたちの姿が可愛いです。可愛いと感じるのは子どもたちが育っているからです。素直な子どもたちの成長を目の当たりにしながら、教師の自分も成長できる、本当に幸せな仕事だと思います。

低学年では、初めてカッターを使ってみる体験にもとても良い教材です。

世界に一つの『紙コップスコープ』で世界を広げましょう。

目を閉じると、聴こえなかった音に気がつくことがあります。情報を「オフ」にする部分をあえて作り出すことで、感覚が研ぎ澄まされます。観察のポイントは、「オフ」をコントロールできることだと考えます。私たちが子どもたちを観察するときのヒントにもなるかもしれません。

IDEA 30 授業

デッドスペースにスマート収納！
模造紙ホルダー

何のため 模造紙を使いやすく保管するため。

『模造紙ホルダー』をスチールロッカーに取り付けると、がさばりがちな模造紙をスマートに収納できます。

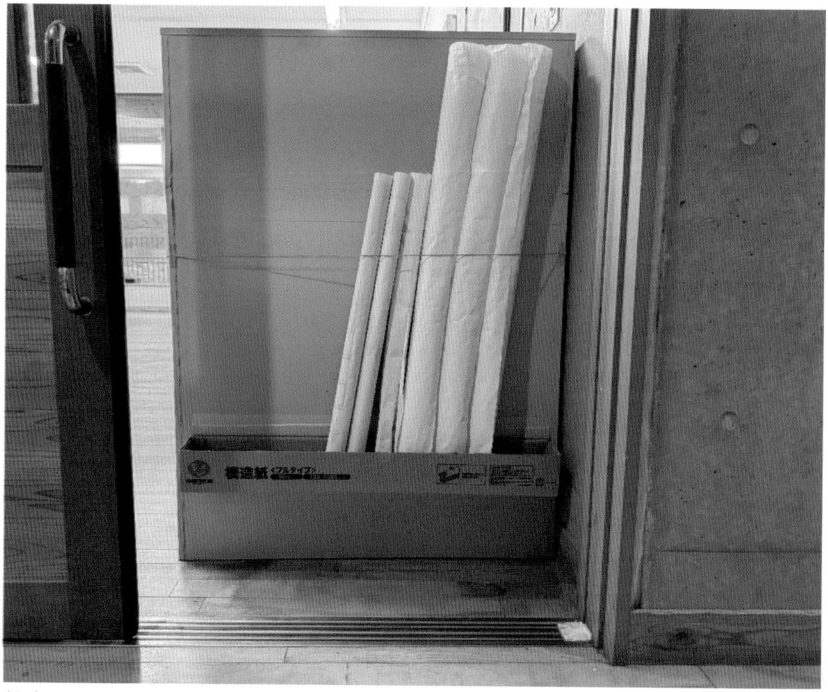

教室のスチールロッカーに、麻ひもと模造紙の箱をそのまま貼り付けました。玄関扉用のマグネット式傘立てのアイデアを参考にしました。

ここがポイント！

教室のスペースは有限です。デッドスペースをユースフルスペースに変えるアイテム一つで快適さの次元が変わります。手作りしたり、本来の用途とは異なる目的外利用をしたり、アイデアは∞です。

宙に浮いているため、そのまま掃いたり拭いたりできます。扉に付けた『空中ゴミ箱』（参照P. 38）との立体交差は壮観です。

テープで固定したひもで押さえるだけの最もシンプルな方法です。ゴムひもに変えても良いです。

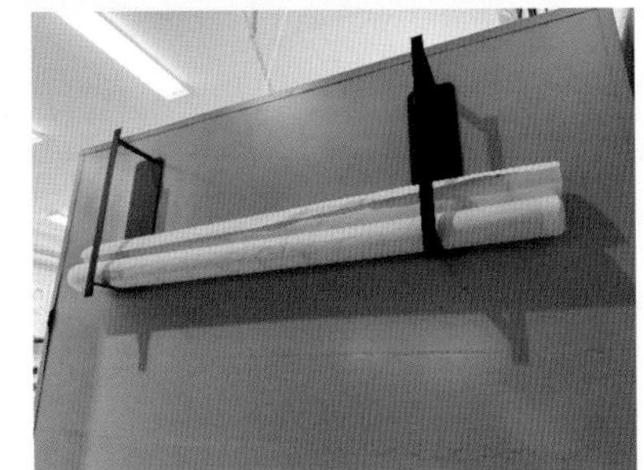

本来はバスブーツを立てかけるための『磁石付きホルダー』を目的外利用しています。横向きに差し込んでみました。

デジタル化が進む学校現場ですが、模造紙などのアナログギアにしかない良さもあります。一方で、保管場所や設置場所を工夫しなくてはいけないのが宿命です。教室のスペースは有限であることからも、特に紙類は「使い終わったら即処分」のマインドがとても大切です。

世界クラスの体育授業！

W杯の笛

何のため その気になって体を動かすため。

サッカーW杯のレフリングで使われている笛、つまり『W杯の笛』で体育授業をします。

サッカー専用ホイッスルの最高峰『バルキーン』（モルテン）です。２つの空気穴から高さのちがう音が重なって力強く響く、W杯で採用されているモデルです。

ここがポイント！

各競技により、世界大会で採用されている笛があります。代表選手になったような気持ちで、子どもたちの体も軽く動きます！？　世界クラスの体育授業を実践しましょう。

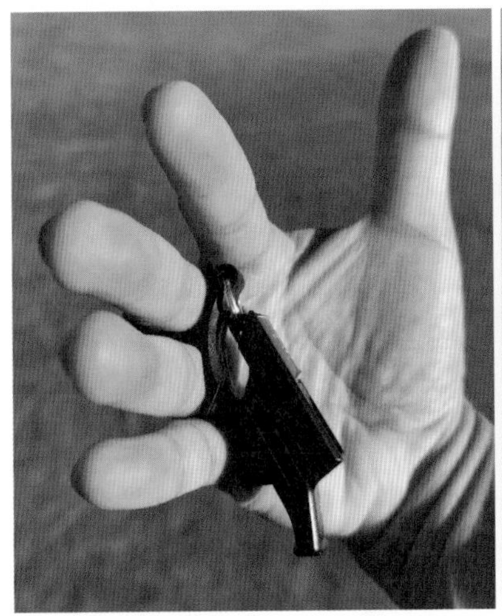

中指と薬指で挟んで持てるので、瞬時にホイッスルを吹く体勢をつくり出す『フリップグリップ』がシビれます。

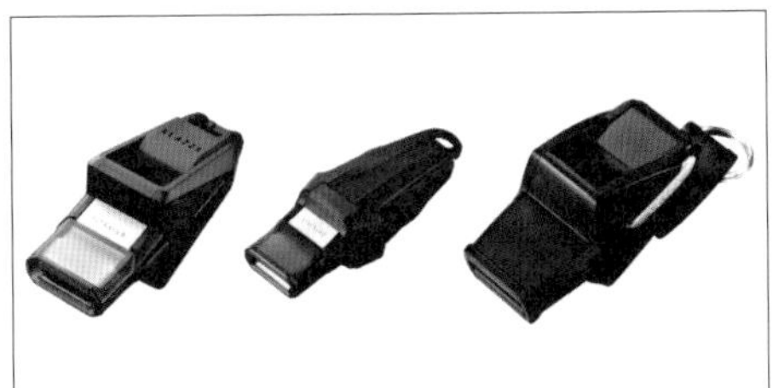

写真：NIPPON スポーツ“モノ”語り
https://www.nippon.com/ja/japan-topics/c11701/
左から順に、バスケットボール『ブラッツァ』、バレーボール『ディーボ』、ハンドボール『ボルカ』の競技専用ホイッスルです。

普段使いの笛は『プラエコー』（エバーニュー）です。息が漏れず、心情まで細やかに表せる音の出が素晴らしいです。プールでも使える名品です。

『W杯の笛』は、ここぞ！　というときに使っています。「特別感」が大切なタイミングもあるからです。日常に彩（いろどり）を添えるのも、ギアの大切な使命だと考えます。子どもたちも私たちも学校が楽しくなる「あそび心」を、これからも大切にしていきます。

長縄の記録が伸びる裏技！

長縄雑巾

何のため　上靴のグリップ力を増して運動しやすくするため。

冬場の体力向上の定番といえば長縄運動です。学級づくりにも効果的なため、大会も催されますが、記録がなかなか伸びません。実は、乾燥した体育館の「床が滑る」という問題が影響していることがあります。『固く絞った濡れ雑巾』で、長縄の記録が伸びます。

『硬く絞った濡れ雑巾』で足裏を拭くだけで、跳びやすさが段違いです。あまりにも乾燥している場合は、長縄の列上に置きます。

ここがポイント！

上靴のグリップ力は、安全面からとても重要です。「足元の安定」を実現するとパフォーマンスが向上します。梅雨の時期など湿気が多めの場合は、『乾いた雑巾』で水分を拭き取る必要もあります。

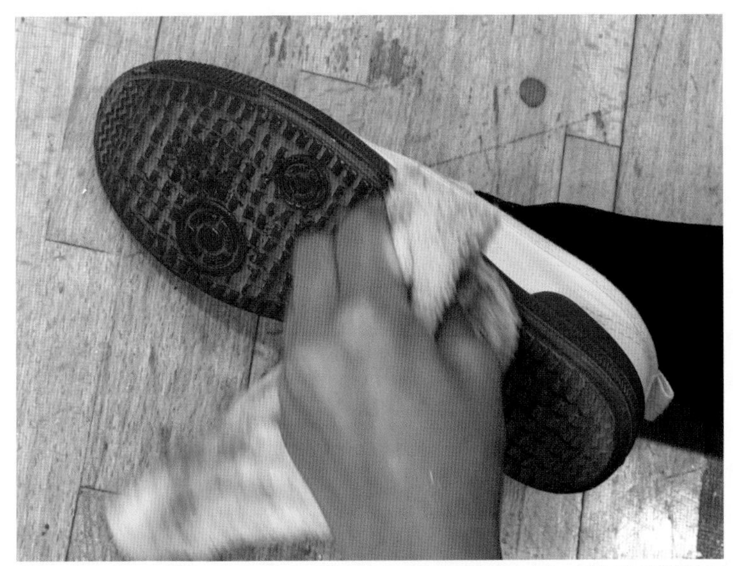

地面に縄が着いた瞬間に入ることも、縄の中心で片足で跳ぶことも、回し手の真横を走り抜けることも…「足元が安定」しないことにはままなりません。

乾燥がひどい場合は、記録を測定する直前に雑巾で足裏や床を拭くと効果的です。

全国体力運動能力調査の反復横跳びやシャトルランの記録測定時にも有効です。

８の字跳びは10人程度の少人数向きの跳び方です。一般的な20名を超える学級では、「０の字跳び」（一方向だけから入る）の方が、列が滞らず、運動量が上がります。「濡れ雑巾まで走る！」と目印がわりに使うのも効果的です。

IDEA 33 授業

穏やかな声が届く届く！
充電式ワイヤレスマイクスピーカー

何のため：場所を選ばずマイクとスピーカーが手軽に使用できるため。

『充電式ワイヤレスマイクスピーカー』が手軽に手に入るようになりました。コンセントを探す必要も、重たい乾電池を携帯する必要もありません。Bluetooth接続をして音楽を流すこともできます。

マイクを使うことで、子どもへの言葉がけが柔らかくなります。

ここがポイント！

発声が苦手な先生に限らず、大きな声を出そうとすると、どうしても荒っぽい口調になってしまいがちです。マイクを使うことで、穏やかな口調で話すことができます。教室で普段使いする選択もアリです。

大音量＆高音質なのに、肩掛けして持ち運びできるコンパクトサイズです。クリップ型スマホスタンドを『簡易マイクスタンド』として使用すると、両手が使えます。

校庭や体育館やプールでの体育の授業、ホールでの集会活動、学校行事や校外学習と活躍の機会がとても多いです。

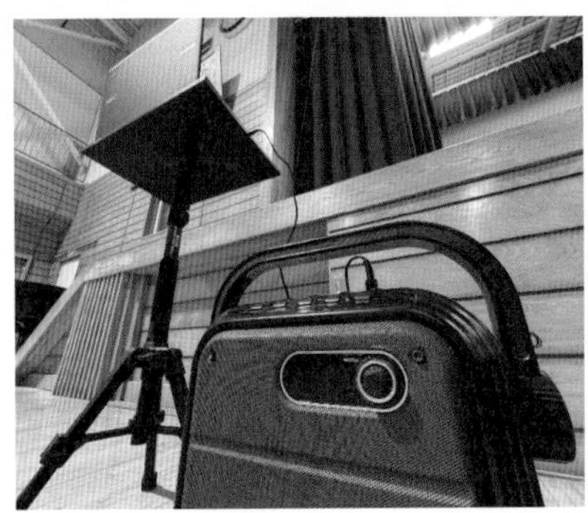

『教室ギア55』で紹介した『オーディオ変換ケーブル』が１本あると、Bluetooth対応していない機器と有線接続できます。

大手インターネットショッピングサイトで、約１万円でこの性能の商品が手に入る時代です。使い古した拡声器や乾電池式マイクスピーカーの買い換え時です。事務職員と相談しましょう。自分用に一つ持っておくのも良い選択です。できることが増えます。

体育主任の奥義！
ペグ＆ハンマー

何のため：一人でも美しいラインを引くため。

『ペグ＆ハンマー』を使うと、美しいラインを一人でも引くことができます。体育や運動会の準備でとても重宝します。

【直線の書き方】

① メジャーの先端をペグ打ちして固定します。

② メジャーを伸ばします。

③ メジャーに沿ってラインカーを動かします。

「進行方向に向かって打つ！」と覚えておきましょう。ペグが抜けにくい打ち方です。

ここがポイント！

『ペグ＆ハンマー』をメジャーとラインカーといっしょに体育倉庫に置きます。ペグは、地面が硬くて垂直に打ち込めないときは、メジャーの進行方向に向かって斜めに打ち込むと抜けにくいです。

ペグ打ちして固定したメジャーをピンと張りながら一周すると、美しい円が書けます。

体育主任を経験したときに、先輩の先生から教えてもらったテクニックです。

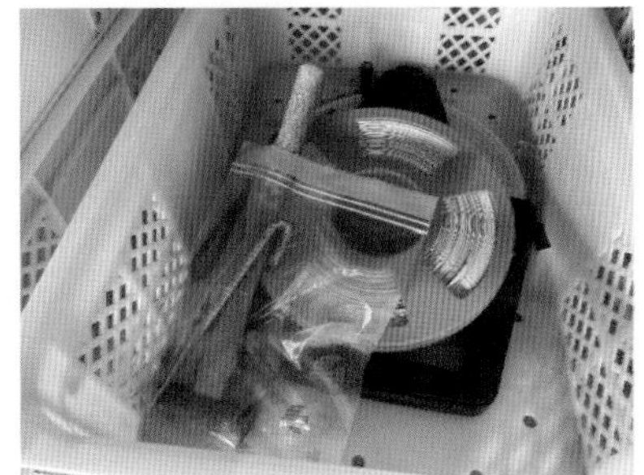

体育倉庫は、ラインカーの近くにメジャーと『ペグ＆ハンマー』を置きましょう。

【円の書き方】

① メジャーの先端をペグ打ちして固定します。

② 円の半径の長さに伸ばしたメジャーとラインカーを持ちます。

③ メジャーを引っ張りながらラインカーを持って一周します。

IDEA 35　校外学習

屋外の必需品！
ハッカ油

何のため　害虫からお肌を守るため。

【作り方】

① ハッカ油５～６滴をスプレー容器に足らします。

② 50mlの水を混ぜ合わせます。

③ 使用前によく振ります。

「山の強力な虫たちにも一番効く！」と、少年自然の家で３年間勤めた恩師が教えてくれました。最強の虫除けスプレーが『ハッカ油』です。

ここがポイント！

山にいる蚊やブヨやアブなどを遠ざける強力な虫除け効果があります。天然成分なので頭からつまさきまで全身に使えます。一方、汗で落ちやすく、効き目があるのは１～２時間です。細めに吹きかけます。

ハッカ油にはリモネンという成分が含まれていて、ポリスチレンを溶かします。ポリスチレン製のスプレー容器はほとんど見かけませんが、心配な人は写真のようなガラス容器を使いましょう。

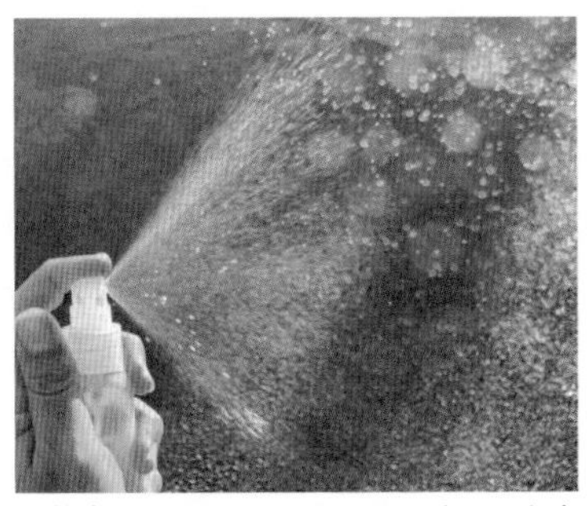

天然成分なので、口に入れてしまっても大丈夫。虫除け効果はありますが、殺虫効果はありません。

花粉症の時期にマスクに付けると鼻詰まりが解消する効果、お風呂に入れると冷涼効果、枕元に垂らすと咳止め効果が得られます。実は『ハッカ油』は、1年中使える万能アイテムです。

最もコスパの高い虫除けスプレーだと言えます。使用期限は1週間程度なので、小さめのスプレー容器に使い切れる量を入れましょう。野外活動は、野生生物が生活している場所にお邪魔して活動させてもらうものです。虫も当然います。上手に共存するための必需品です。

IDEA 36 放課後

雪崩を救う！ ファイルインファイル

何のため 効率の良い文書処理のため。

【使い方】

① 紙ファイルの裏表紙の裏側に、両面テープでクリアファイルを貼り付けます。

② 文書はクリアファイルに入れておきます。

③ 学期末に巨大パンチで一気に穴を空けて綴じます。

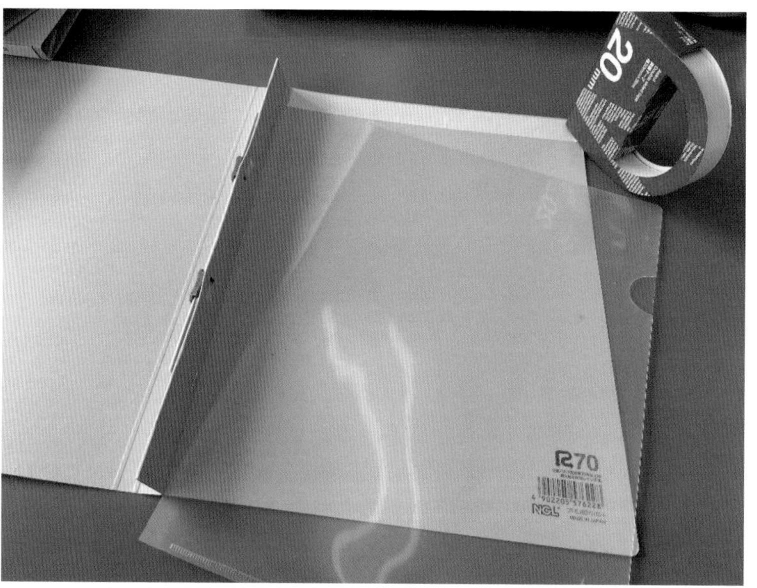

両面テープで貼り付けたクリアファイルに、文書をぽいぽい入れていきます。

ここがポイント！

紙ファイル内のクリアファイルに文書を一時保管し、学期末に巨大穴空けパンチで一気にファイリングします。机上に大切な書類を積んでしまうことや、雪崩や紛失を防げます。

自然と時系列に並ぶため、目当ての文書を探すことも実は難しくありません。

巨大パンチで一気に穴を空けてファイリングします。

机内の書類は、『付箋ラベルクリアファイル』がシンプルです。仕分けがスピーディで机の中がスマートに片付きます。使わない紙は即処分です。

校務分掌の文書類は、現在ではほぼすべてを電子データでも保存してあります。それにもかかわらず、印刷物をファイルに綴じ込んで保管しなくてはいけない学校がまだまだ多いことでしょう。教務主任を経験した２年間、膨大な文書と向き合って編み出した実績のある方法です。

本を耳で読む良習慣！
耳読

何のため：良質なインプットとアウトプットのサイクルを回すため。

本を耳で読む『耳読』をしながら通勤します。オーディオブックは、書籍を朗読する音声サービスです。

通勤時間が良質なインプットの時間に変わり、良いイメージを持って１日を過ごせます。

ここがポイント！

目で読むと何時間も掛かる本が「倍速」機能で、短時間で『耳読』できます。頭の回転も早くなる感覚があります。「ながら読書」も可能です。耳で聞いて気に入って購入した紙の書籍もたくさんあります。

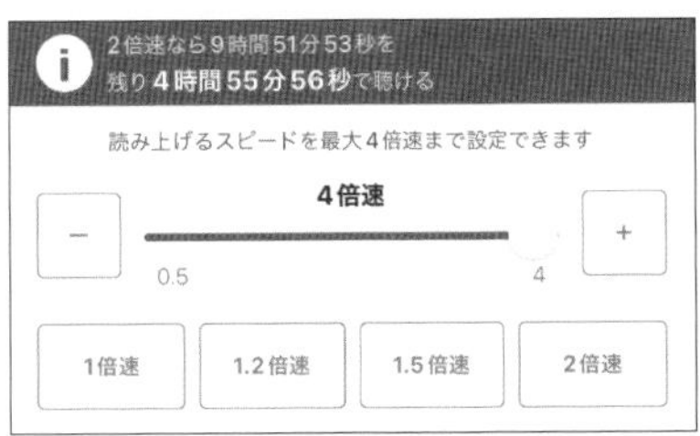

「音声読み上げ機能」を活用できる電子書籍が増えています。教育書の電子書籍化やオーディオブック化が広がることを切に願います。

自家用車通勤では、カーオーディオに接続します。ラジオのように数冊～十数冊／月に『耳読』できます。

公共図書館で電子書籍の貸出サービスを始めている自治体もあります。音声読み上げ機能に対応している本もあります。利用してみてください。
画像引用：仙台市政だより2022年２月号

IDEA 02 朝の時間

ノート「も」貼れる！
マグネットクリップ

何のため ノートづくりの意識が変わるため。

20cmの『マグネットクリップ』は、ノート「も」開いた状態で貼ることができる優れものです。１cmまでの厚さ（Ａ４普通用紙で約40枚）までならあらゆるものを挟むことができます。

100円SHOPで発注後１～２週間で届きます。学級の人数分+αあると便利です。

開いて掲示されているノートを前に、感想や質問などの交流が自然発生します。

ここがポイント！
書きたてほやほやのノート「も」自分の手で「即」掲示物化できます。黒板から教室の側面掲示板に設けた『学習コーナー』への貼り直しもそのまま移動するだけです。

『教室ギア55』＆『教室ギア56』は、kindleにて電子書籍版も手に入ります。

読書で得られる「知識」と「良いイメージ」はプライスレスです。教師の仕事は、アウトプットの連続です。インプットとのバランスが成長していくためにとても大切です。通勤中の『耳読』での「ながら読書」なら、無理なく習慣化できる人も多いのではないでしょうか。

第3章

GIGA編

必要がなくなったらはがそう！
マステ

何のため 約束事を期間を決めて浸透するため。

『マスキングテープ』が、一人一台端末を使い始めるために、とても重宝します。保管庫や各自の端末に、使い方の注意点などを貼ります。必要がなくなったら簡単にはがすことができ、跡が残りません。

マスキングテープ略して『マステ』と一人一台端末は相性抜群です。

ここがポイント！

『マステ』は、「必要がなくなったらはがす！」これが大切です。表示や掲示の類も実はすべて同じです。「いつまで必要か？」と終わりをイメージして始めます。これが超大切です。

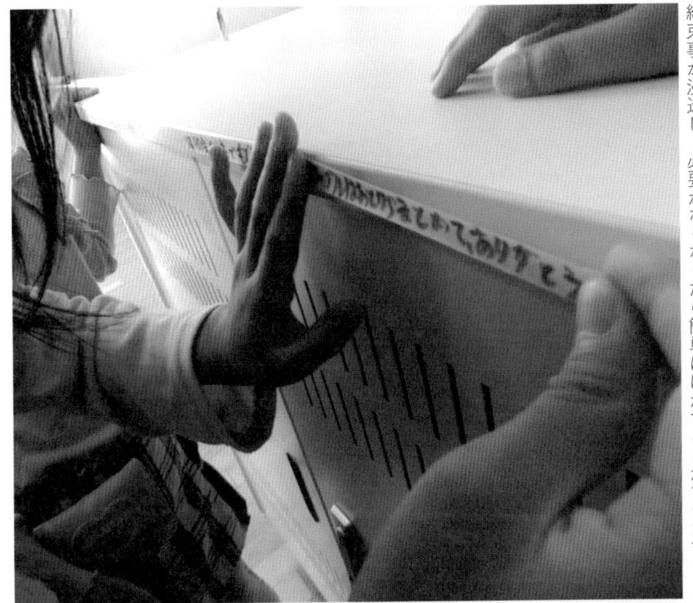

約束事が浸透し、必要がなくなったら簡単にはがすことができます。

『マステ』を貼る、はがす「自己選択」を大切にしています。やりとりが欠かせません。

『ショートカットキー壁紙』（参照P.92）ならぬ『ショートカットキーマステ』も効果的です。

『マステ』は学級事務用品として汎用性が高い優れものです。事務職員に相談し、公費で買ってもらえました。包帯などをとめる紙テープを使う裏技もあります。同じ紙のテープでも、紙ガムテープを掲示用に使うのだけは絶対にやめましょう。はがすのが、猛烈に大変です。

IDEA 39 GIGA

隙間時間で覚えよう！

ショートカットキー壁紙

何のため ショートカットキーを使いこなすため。

『ショートカットキーの一覧表』の画像を、端末の壁紙に設定します。デスクトップから自然と目に入ってくるため、ショートカットキーを実践的に身につけることができます。

キーボードの図や写真を用いた『ショートカットキー壁紙』がわかりやすいです。
画像参照：合同会社かんがえるhttps://www.thinkrana.com/post/keyboard

ここがポイント！

『ショートカットキー　一覧表』と画像検索をすると、様々なものがダウンロードできます。写真のように、子どもたちが特に使うものだけをまとめるなど、実態に合うものを選んで取り組みましょう。

壁紙から目に飛び込んできたショートカットキーを使ってみましょう。

覚えたショートカットキーを塗り潰していきます。これを壁紙に設定すると、まだ覚えていないショートカットキーだけがデスクトップ画面から飛び込んできます。ペンの透明度を設定しておくと、忘れてしまっても大丈夫。

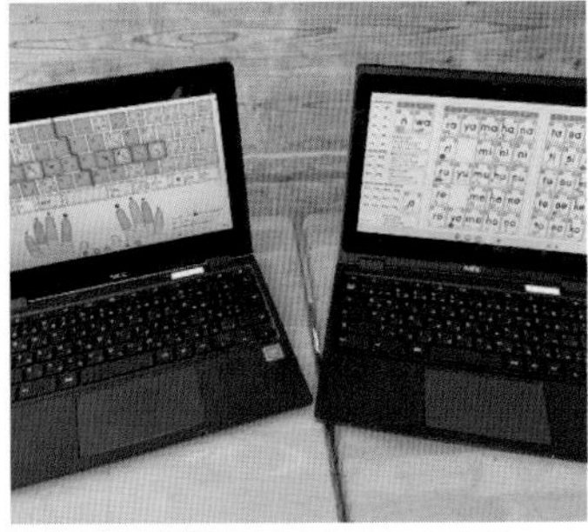

タイピング習得では、『ホームポジション壁紙』や『ローマ字入力表』も効果的です。
画像引用：ちびむすドリル
https://happylilac.net/sy-keyboard03.html

端末の『壁紙』に設定しただけで、子どもたちはどんどん吸収して使いこなします。我々教師も、『ショートカットキー壁紙』で覚えてしまいましょう。パソコン仕事が飛躍的に速くなります。見える世界の景色が変わります。

AIも相棒に歩んでいこう！
生成系AI

何のため コンテンツ制作を効率化し、創造的なアイデアを生むため。

『生成系AI』とは、文章、画像、音声、プレゼンなどのコンテンツを、条件を与えることで自動生成できる人工知能のことです。

You
「ツバメが3時間で120km進みました。このツバメが360km進むのにかかる時間は何時間何分ですか。」のような文章問題と解答を3問作成してください。子供たちに人気のアニメキャラクターが登場するようにしてください。

ChatGPT
問題1: ドラえもんの冒険

のび太君がドラえもんのひみつ道具「どこでもドア」を使って、3時間で120km先の未知の島に到着しました。このときののび太君の平均速度は何km/hでしょうか？また、未知の島まで360km進むのには何時間かかるでしょうか？

解答1:

のび太君の平均速度は40km/hです。未知の島までの距離が360kmなので、360km ÷ 40km/h = 9時間です。つまり、未知の島までの冒険には9時間かかります。

ChatGPTでオリジナル文章問題を自動生成します。学習意欲をくすぐるバリエーションは∞です。くすっと笑ってしまうツッコミどころがAIの愛すべき点です（笑）

ここがポイント！

人類にとって欠かせない「相棒」のような存在になってきている『生成系AI』です。学校現場での使用については慎重ですが、活用しない選択はもはやありません。

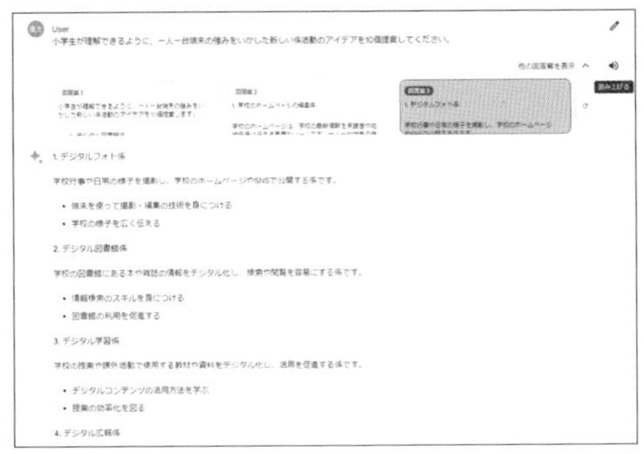

GoogleのGeminiは、複数の回答案から選ぶことができます。音声読み上げ機能のアイコンもあり、利用者に優しいです。生成系AIはアイデア出しが大得意です。

CanvaのMagic Mediaの「Text to Image」は、絵のイメージを入力すると画像生成できます。AIが提案した構図を図工作品に生かします。

Canvaの「Soundraw」を使うと、著作権フリーの音楽をAIが生成します。ムード、ジャンル、テーマ、曲の長さを選ぶだけです。

C先生が水曜日に不在のため、以下のように時間割を変更しました。　Microsoft Bing

1組の時間割

	月曜日	火曜日	水曜日	木曜日	金曜日
1時間目	国語 (A先生)	算数 (A先生)	体育 (A先生)	学活 (A先生)	国語 (A先生)
2時間目	算数 (A先生)	国語 (A先生)	社会 (A先生)	社会 (A先生)	算数 (A先生)
3時間目	体育 (A先生)	社会 (A先生)	算数 (A先生)	国語 (A先生)	体育 (A先生)
4時間目	総合 (A先生)	理科 (D先生)	書写 (E先生)	音楽 (B先生)	総合 (A先生)
5時間目	理科 (D先生)	道徳 (A先生)	図工 (B先生)	算数 (A先生)	図工 (B先生)
6時間目	外国語 (C先生)	家庭 (C先生)	理科 (D先生)	外国語 (C先生)	

2組の時間割

	月曜日	火曜日	水曜日	木曜日	金曜日
1時間目	算数 (B先生)	外国語 (C先生)	体育 (B先生)	算数 (B先生)	書写 (E先生)
2時間目	国語 (B先生)	算数 (B先生)	総合 (B先生)	図工 (B先生)	外国語 (C先生)
3時間目	体育 (B先生)	理科 (D先生)	図工 (B先生)	家庭 (C先生)	体育 (B先生)
4時間目	総合 (B先生)	音楽 (B先生)	算数 (B先生)	社会 (A先生)	算数 (B先生)

MicrosoftのBingを活用すると、Excelで時間割表のデータを出力することも秒で実現します。教科担任制の課題は、行事や出張などのための時間割調整の煩雑さです。私たち教員が授業づくりに専念できるように、AIを上手に活用していきましょう。

AIの精度は日進月歩で向上していますが、万能ではありません。生成されたコンテンツは、修正が必要なこともまだまだ多い。しかし、これまで費やしていた時間や労力を大幅に削減できます。活用法を適切に判断できることで、心強い「相棒」として私たちを支えてくれます。

写真をパチリ、ハイ、検索！ Googleレンズ

何のため 写真データから検索ができるため。

『Googleレンズ』はカメラで捉えたものを瞬時に分析します。Google検索バーの右端にあるカメラアイコンを押すと起動します。翻訳・テキスト・検索・宿題などのタブから利用したい機能を選びます。

「翻訳」ボタンを押すだけです。ALTとの打ち合わせや、慣れない英語で略案をつくる必要がありません。英語を日本語に翻訳することもボタン一つで可能です。「聴く」ボタンを押すと発音します。

ここがポイント！

『Googleレンズ』を使用すると、手書きで書いた日本語も瞬時に英語に翻訳して表示し、端末が発音までしてくれます。植物の名前当て、文字のスキャン、宿題の解き方の解説までしてくれます。

「検索」ボタンを押すと、撮影した植物の名前や関連するWebページを瞬時に調べることができます。

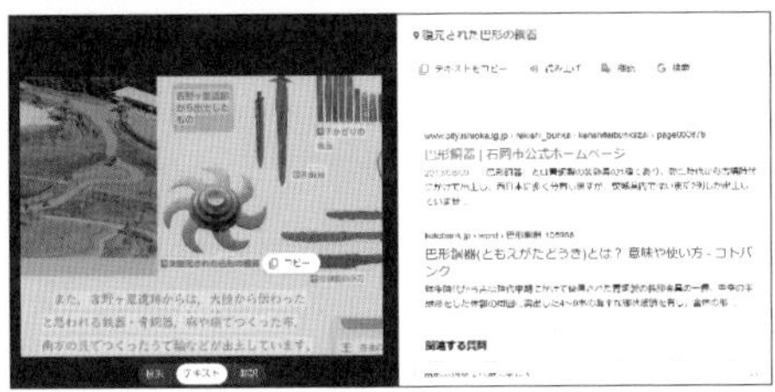

「テキスト」ボタンを押すと、意味を解説したり、読み上げたりしてくれます。カメラを向けた教科書や図書資料から文字データを読み取り、レポートやプレゼンなどに引用することも可能です。

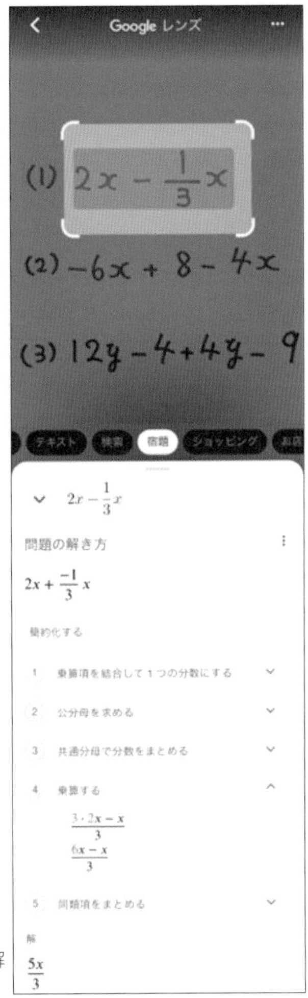

「宿題」ボタンを押すと、計算問題の答えだけでなく、解き方まで解説してくれます。

目の前にある物や写真データから瞬時に検索できてしまうことが革新的です。これまでは、何かを検索するときは文字を入力するのが一般的でした。このようなDX（デジタルトランスフォーメーション）が、学校現場で積極的に取り入れられていくことを願っています。

自動文字カウント！
振り返りを促す関数

何のため 振り返りの文量を増やすため。

学級全員で共有しているGoogleスプレッドシートの名簿に、学習感想や振り返りを入力します。一番右端のセルに『自動文字カウント』を設定するだけで、びっくりするほど「文量」が増えます。

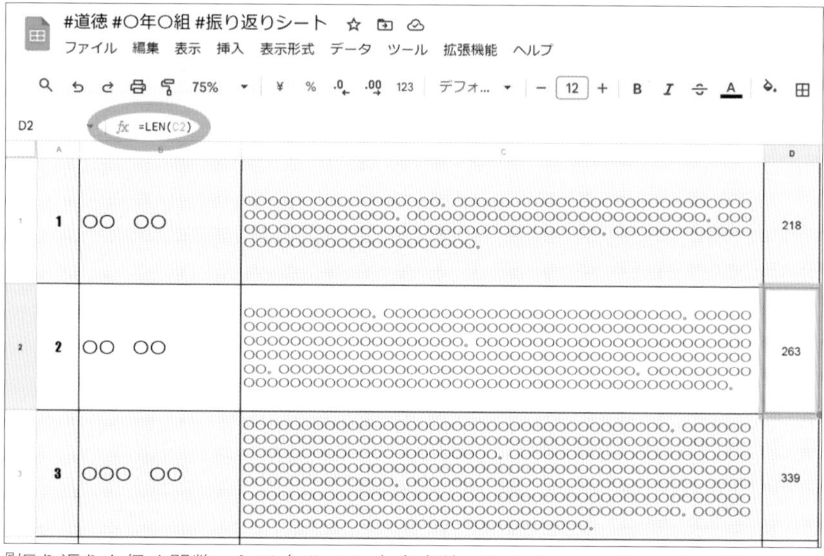

『振り返りを促す関数Ⅰ』は自分の入力文字数がわかります。誰が何文字入力したかが瞬時にわかる、それだけの仕掛けなのですが驚くほど振り返りの「文量」が増えます。

ここがポイント！

『振り返りを促す関数Ⅰ』は、=LEN（数えたい文字列）です。覚える必要はありません。「スプレッドシート　文字カウント」とWeb検索すれば出てきます。そのまま数式バー（fxバー）にコピペします。

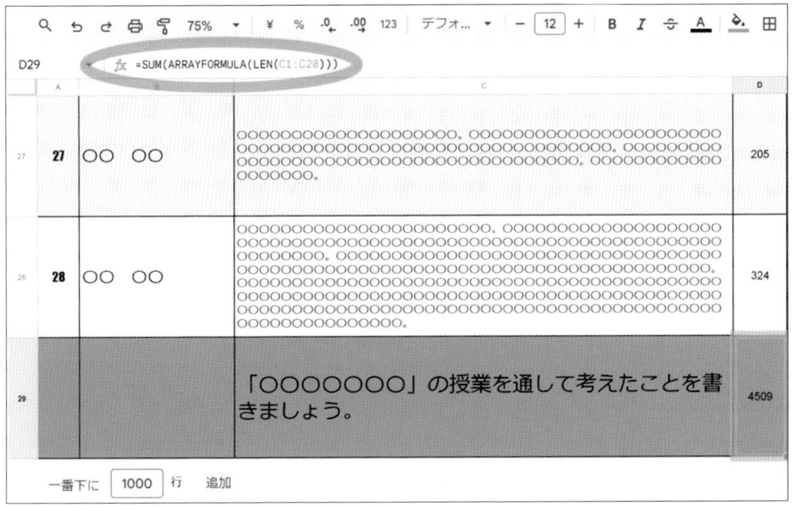

『振り返りを促す関数II』は全員の総入力文字数が瞬時にわかります。名簿の最下段に設定すると、さらに驚くほど振り返りの「文量」が増えます。「みんなで○字だ！」協働の力が働きます。

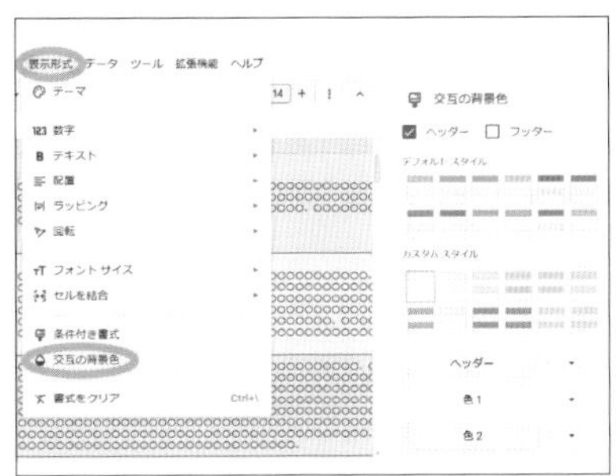

見やすさも大切です。『奇数色名簿』にするひと工夫で、圧倒的に扱いやすくなります。
参照：拙著『教室ギア55』奇数色名簿

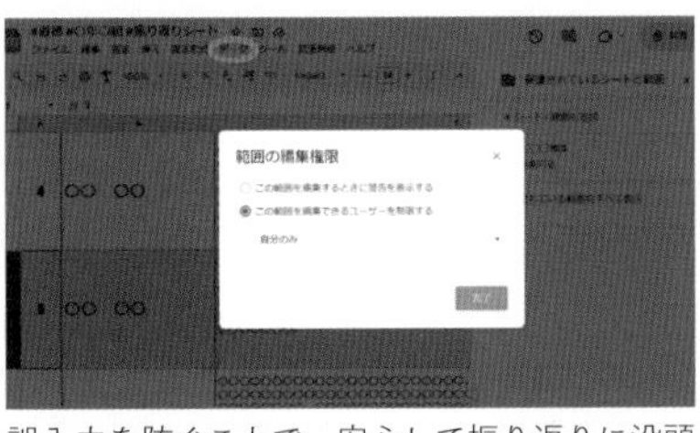

誤入力を防ぐことで、安心して振り返りに没頭できます。「セルフ保護」と子どもたちと呼んでいるテクニックです。Googleスプレッドシートの共有データを開いたら、一目散に自分が入力するセルを保護します。本人と教員のみ編集できます。

『振り返りを促す関数II』は、=SUM（ARRAYFORMULA（LEN（数えたい文字列)))）です。質を求めるには、「量」が必要です。定型文のようなかしこまった学習のまとめが、振り返りではありません。学び方に対する実感や、次をより良くする気づきが促される仕掛けです。

責任の意志表明！
プルダウン式当番表

何のため　責任感を涵養するため。

役割分担表をGoogleスプレッドシートやExcelなどで作成するときに『プルダウン』機能を活用します。

	A	B	C	D
1	プロそうじ	せきにんしゃ	プロそうじ	せきにんしゃ
2	教室ミニダスタークロス①	○○○○	くつばこ ちりとり＆小ほうき①	
3	教室ミニダスタークロス②	☆☆☆☆	くつばこ ちりとり＆小ほうき②	
4	教室みぞやすきま ちりとり＆小ほうき		くつばこのゆか ほうき	
5	教室ほうき① （ゴミ捨て）	○○○○ △△△△ □□□□ ☆☆☆☆ ※※※※ @@@@	教室ぞうきん① つくえはこび	
6	教室ほうき② （ゴミ捨て）		教室ぞうきん② つくえはこび	
7	教室ほうき③ （そうじロッカー整とん）		教室ぞうきん③ つくえはこび	
8	教室ほうき④ （くしでメンテナンス）		教室ぞうきん④ つくえはこび	
9	教室ほうき⑤ （くしでメンテナンス）		教室ぞうきん⑤ つくえはこび	

「事前」にプルダウンの設定をしておくと、子どもたちは児童名を「選ぶ」だけです。１年生でも簡単にできます。

ここがポイント！

話し合って分担する仕事を決めたら、『プルダウン』から自分の名前を「選ぶ」だけです。これだけですが、「この仕事に取り組みます！」という意思表明を自分でする力は絶大です。責任感が湧いてきます。

役割分担表づくりに参画することが、仕事への責任感を育みます。一人一台端末を活用します。

「プルダウン　やり方」と検索すると、プルダウンの設定の仕方が調べられます。アップデートに伴い、やり方がどんどんシンプルになっています。覚える必要はありません、必要なときに検索しましょう。

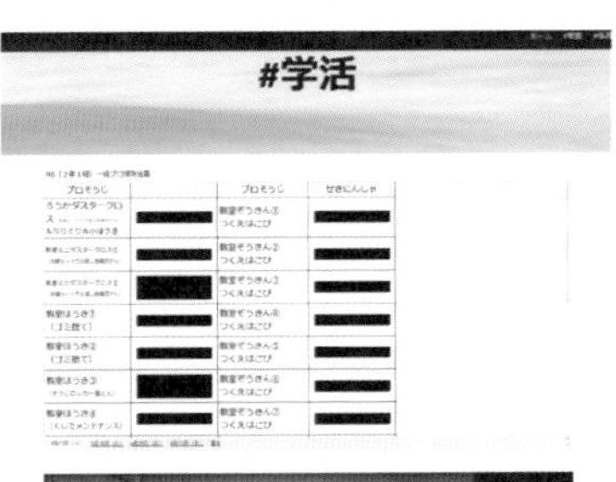

『〇年〇組サイト』（参照P.102）に表のデータを貼って共有します。

集会活動の役割分担や校外学習のしおりや発表会の台本など…学年・学校行事や委員会活動など、活用場面は多岐に渡ります。役割の自覚が大切なので、共有する形にこだわる必要はありません。『〇年〇組サイト』に表のデータを貼り、教室に紙の表は貼らない環境づくりもアリです。

紙ではできないポータル化！ ○年○組サイト

何のため 紙ではできないあらゆる情報の一元化ができるため。

Googleサイトで『○年○組サイト』をつくります。つまり、学級オリジナルの便利なコンテンツリンク集です。

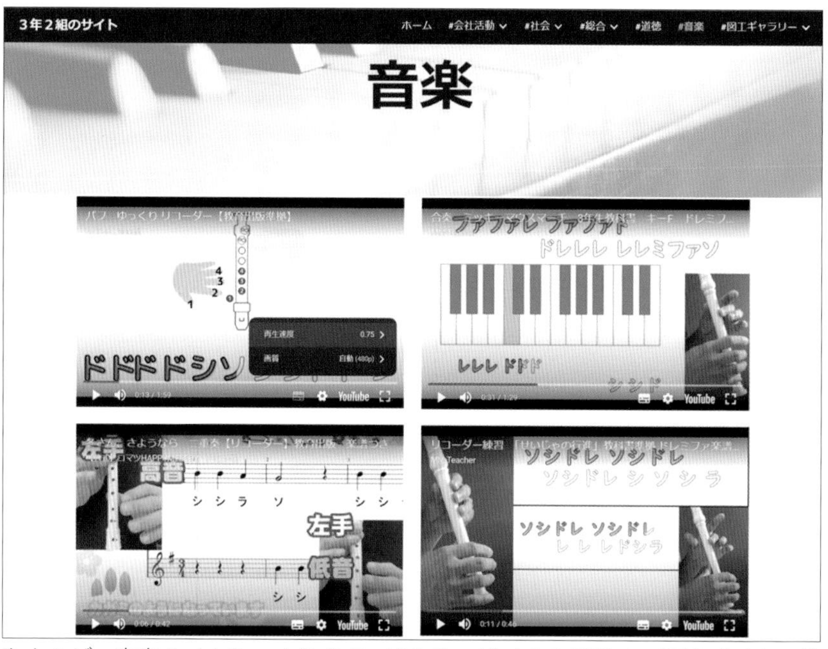

たとえば、音楽サイトをつくります。URLをコピペするだけで、簡易デジタル教科書のようです。

ここがポイント！

Googleサイトに貼った動画は、「広告が入らず」に再生できます。各自の端末で動画を見ながら、再生速度を変えるなど、自分のペースで練習可能です。体育や家庭科などでも大活躍です。

係サイトです。これまで朝や帰りの会や掲示板上での「一度限り」の情報発信が主だった係活動が、いつでも・どこでも・誰でも、そして何度でも発信＆受信できます。プログラミングなど、デジタル成果物との相性も抜群です。

「スクリーンキャプチャ」と「コピペ」だけで、低学年の子でもオリジナルサイトを簡単にまとめられます。

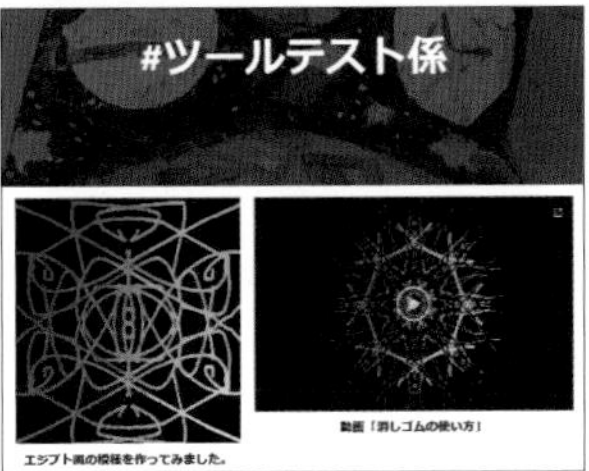

Google スプレッドシートの名簿に、リンクを挿入します。URLがあるものならドライブ上の動画など、ありとあらゆる成果物にアクセス可能です。このシートを『〇年〇組サイト』内に埋め込むと、鬼に金棒です。「ポータル化」が、GIGA時代のマストスキルです。コメント交換もできます。

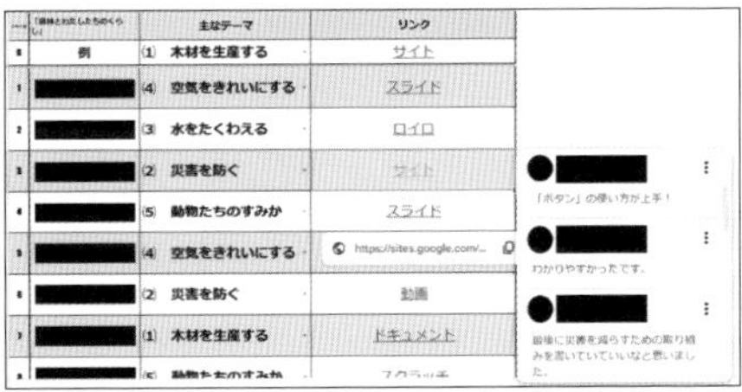

「Ctrl＋C」、「Ctrl＋V」で、まずは何でもペタペタ貼ってみましょう。ページ上でダブルクリックをしてコンテンツを追加するのも簡単です。Googleサイトは、あらゆる情報をポータル化できる、超優秀ツールです。子どもたちと一緒に触ってみてください。

　Googleサイトは Googleが無償で提供するホームページ作成ツールです。サイトを「公開」し「閲覧」することで、動画や音声やスライドを同一ページ上で再生できます。別サイトへのジャンプもタップ一つ。紙ではこうはいきません。もっとメジャーになって良いツールです。

自分でまとめるデジタルポートフォリオ！

デジタル図工作品集

何のため　クラウド上に図工作品集を作るため。

クラウド上に『デジタル図工作品集』を作成します。無料で使えるオンライン掲示板アプリPadlet（パドレット）を使ってみましょう。出席番号（セクション）の下に、写真を入れるだけなので、子どもたちの手で更新できます。立体作品も平面作品も、過去のすべての作品を見合うことができます。

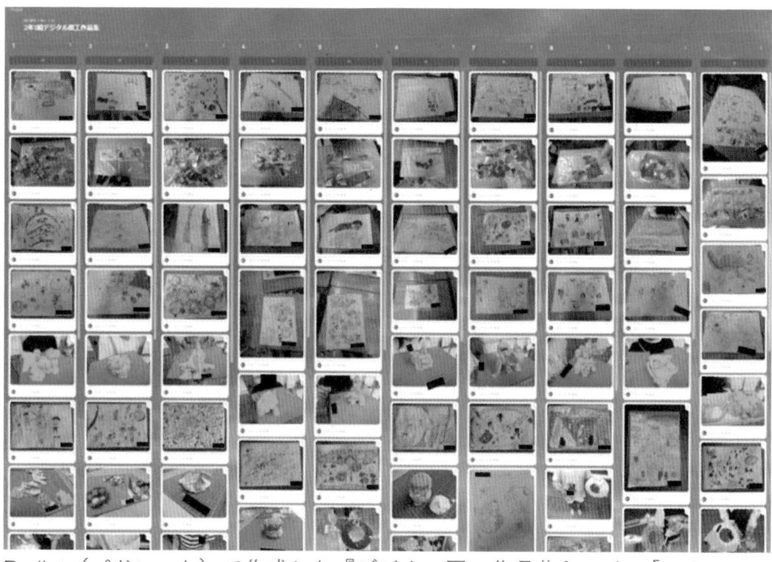

Padlet（パドレット）で作成した『デジタル図工作品集』です。「セクション付きのウォール」というレイアウトです。

ここがポイント！

子どもが自分で撮影した写真を、自分のセクションにアップロードするだけです。低学年でもできます。評価にも活用できる『デジタルポートフォリオ』です。

「＋」ボタンを押し、写真を挿入するだけです。デジタル作品カードとしてテキストを入力したり、コメントを送り合ったりすることもできます。

自分で撮影した写真を自分でアップロードします。

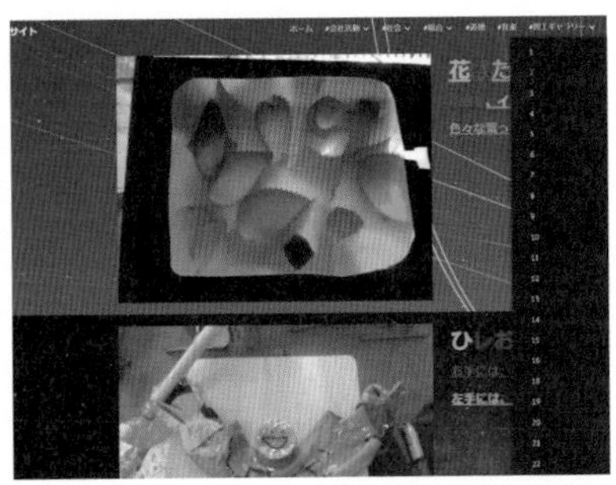

Googleサイト版です。（参照P.102）『〇年〇組サイト』の図エページに埋め込みます。

鑑賞の時間にできることが増えました。自分や友達の過去の作品を自由に見合うことができ、ファンレターのようにコメントを送り合うこともできるからです。そうは言っても、「実物」の力にはかないません！つくりたてほやほやを味わう機会も充実しましょう。

IDEA 46 GIGA

説明は動画で！ チュートリアル動画

何のため 自作動画で学び合うため。

『チュートリアル動画』とは、使い方を説明する動画のことです。これを、子どもたちが作成してしまう画期的な実践です。

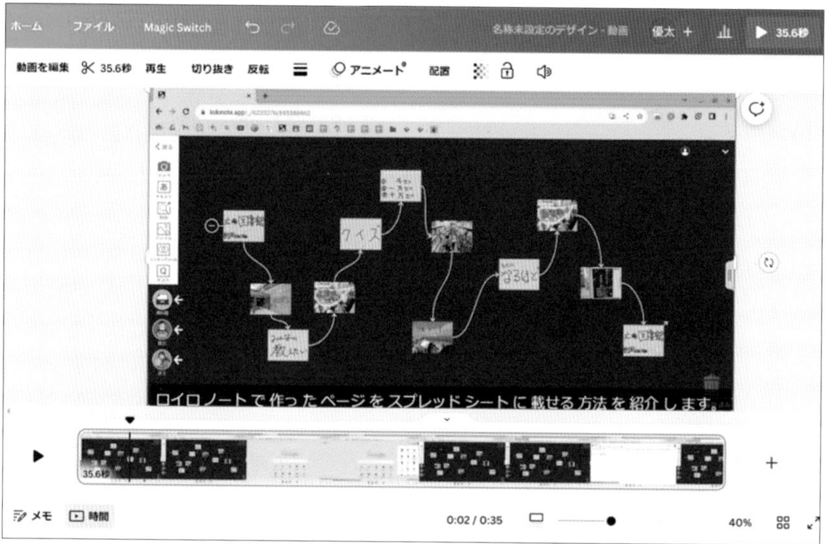

「撮って出し」が簡単ですが、字幕やナレーションや音楽をAIが自動生成（参照P.94）することも可能になりました。ICT機器の使い方を学び合うのに、動画が最適です。

参照：阿部隆幸編著（2023）『学級経営DX』（学事出版）に大内秀平先生が『チュートリアル動画』の実践をまとめています。

ここがポイント！

「撮って出し」（収録した映像素材を編集作業無しで使用）が最も簡単です。「音声入力」をONの設定にして画面録画を開始します。キー操作やフロントカメラのON・OFFも設定可能です。

直感的に扱えるCanvaはとても優秀です。特に、「動画編集」機能が秀逸だと私は考えています。子どもたちが、とても簡単に編集できる時代になりました。先生方も触ってみてください。

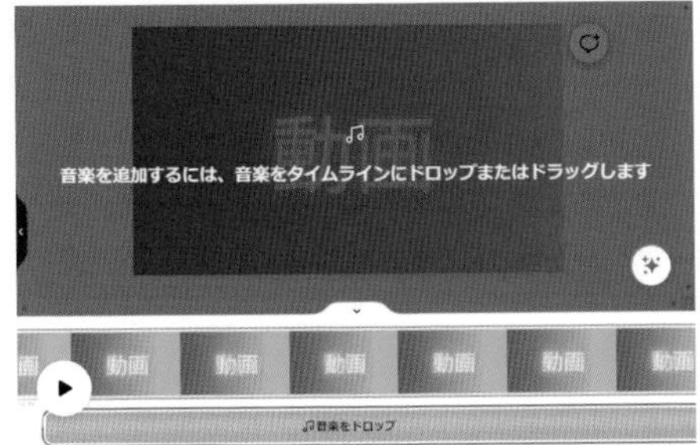

【Chromebookの画面録画のやり方】

① Chromebookで、右下の時刻ボタンを押して「クイック設定パネル」を開きます。

② 「スクリーンキャプチャ」を押します。

※ 「Shift＋Ctrl＋ウィンドウを表示キー」のショートカットキー（参照P.92）を覚えてしまうと便利です。

③ 「画面録画」を選択します。

設定からマイクをONにすると、「撮って出し」ができる『チュートリアル動画』を一発撮りできます。

子どもたち同士でICTスキルを高め合い、私たち教師をひょいっと超えていく人が育っていく教室が理想です。インターネット上にある動画コンテンツの共有も含め、子どもたちの力で『チュートリアル動画』をクラウド上にアーカイブ化していくことで便利技が血肉化します。

1秒で席替え！ 席替えアプリ

何のため 集中と交流を誘発するため。

子どもたちは席替えが大好きです。無料の席替えアプリが開発されているので、活用しない手はありません。席替えボタンを押すだけで「1秒」で席がシャッフルされます。席替えが、集中と交流を促します。

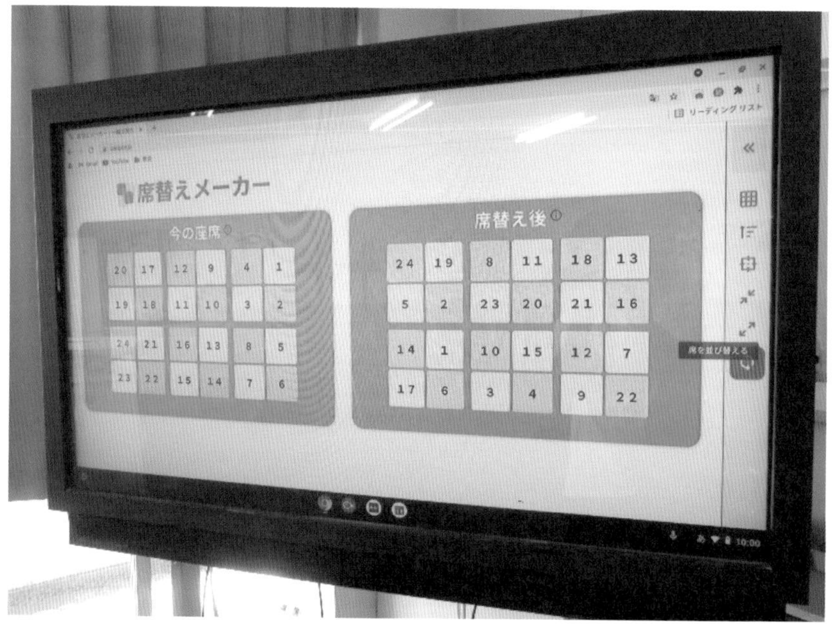

子どもたちにとっての最大の教室環境は「座席」です。子どもたちの最大の関心事です。
参照：『席替えメーカー』https://sekigae.jp/

ここがポイント！

『席替えメーカー』は、条件を追加設定できる点が優れています。男女の座席は固定して席替えしたり、配慮が必要な子を最前列にしたり、意図的に離す子や一緒にする子を決めたりすることができます。

くじ引きと同じ構造で、公開型で納得感が高い席替えができます。一方で条件の追加設定は、子どもたちにはわからないように行うことも可能です。

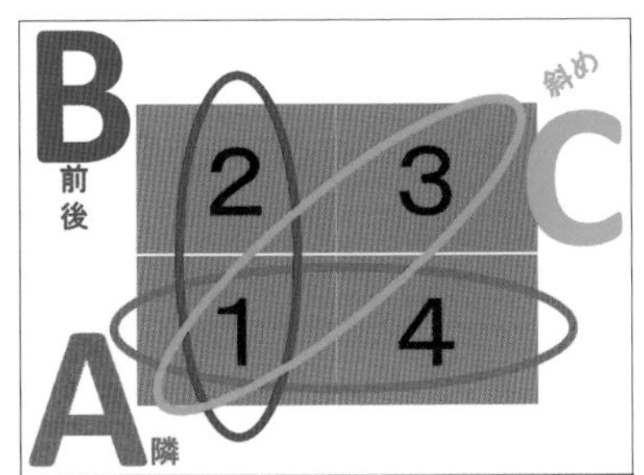

『ABCペア』の交流を1日「50回」行っています。集団の最小単位であるペアの関わりを密にし、毎週席替えをするのもいいですよ。

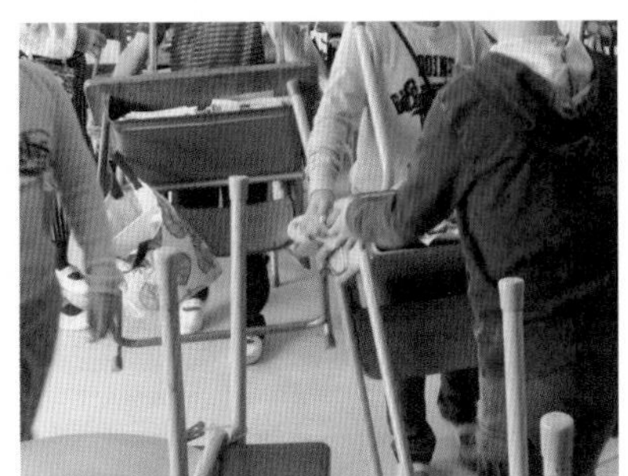

机と椅子の移動は「お・す・し」を合言葉に、おもいやりをもって、すばやく、しずかにやります。

「何のための席替え？」と子どもたちに問い、席替えの目的を子どもたちと考えながら取り組んでいきましょう。誰と一緒になるかよりも、一緒になったメンバーとどう過ごすかが大切です。席替えをフレキシブルに行うためにも、当番活動を座席と紐づけてはいけません。

動き回って生中継
弁当売り型Live配信

何のため 臨場感ある映像で行事の生配信をするため。

『外付けWebカメラ』を接続した一人一台端末のLTE機を『探検バッグ』に載せます。

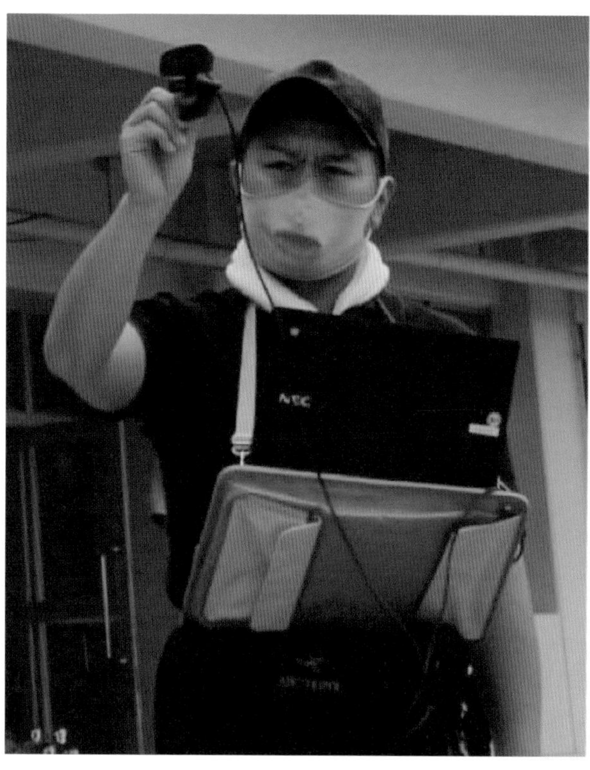

『弁当売り型Live配信』は、手が塞がりません。自由に動き回れます。オンライン通話機能による行事などの生配信に適したスタイルです。最小一人で現場から生中継ができます。放送室を必要としません。コロナ禍の苦渋の行事運営で開発したテクニックですが、今後も活用できるアイデアでしょう。

ここがポイント！

まるで駅弁を立ち売りするようなスタイルです。動き回れて手が自由に使えるのが利点です。腕の曲げ伸ばしで、ズームイン・アウトが可能です。端末の操作や、配信をしながら行事の進行もできます。

クリップで端末に固定したり、手持ちしたり、棒の先に付けたり、シーンに合わせて使い分けます。

行事会場をフットワーク軽く動き回ることができます。

朝会、児童会行事、運動会、卒業式…現場から生配信しながら進行をしたこともあります。

端末を『三脚トレイ』（参照P.116）に固定したり、ビデオキャプチャを接続したビデオカメラを使用するなど、定点カメラで行事の様子を配信することもできますが…臨場感ある映像を現場から生中継するには、会場を縦横無尽に動き回れる『弁当売り型Live配信』です。

必勝法がないから燃える！
デジタルコネクトフォー

何のため　読み合いを楽しむため。

紙とペンがあればできるゲームを「紙ペンゲーム」と呼びます。『コネクトフォー（四目並べ）』をGoogleスプレッドシートで行います。

【やり方】

① 縦６×横７の方眼を準備します。行・列の幅を一括指定するだけです。

② 方眼の一番下から、ペアで交互に１マスずつ色を塗ります。セルの塗りつぶし機能を使います。

③ 縦・横・斜めのいずれかの４マスをそろえたほうの勝ちです。

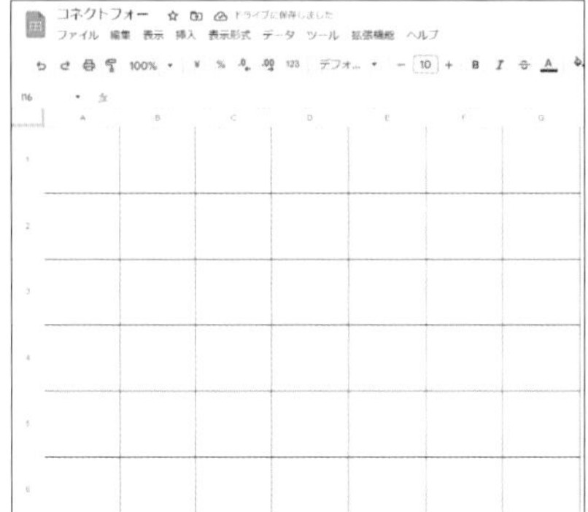

【手順①】最初に、縦６×横７の方眼を作ります。方眼の許す限り範囲を広げたり、逆に狭めたり、凹凸を付けてみたりするのもおもしろいです。

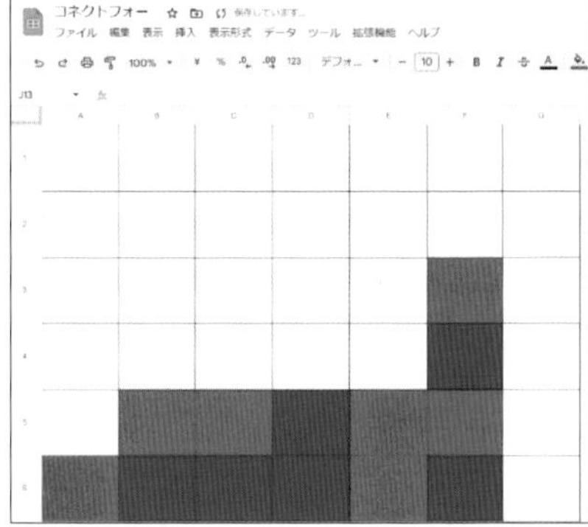

【手順②】交互に１マスずつ色を塗ります。一番下の段のマスはどこでも自由に塗ることができますが、２段目以降はその下のマスが塗られていないと塗れません。

ここがポイント！

一人一台端末の操作に慣れる点でとても有用です。オンライン対戦が可能です。ショートカットキーの「Ctrl＋Z」（元に戻す）と「Ctrl＋Y」（やり直し）を使うと、「感想戦」が手軽に楽しめます。

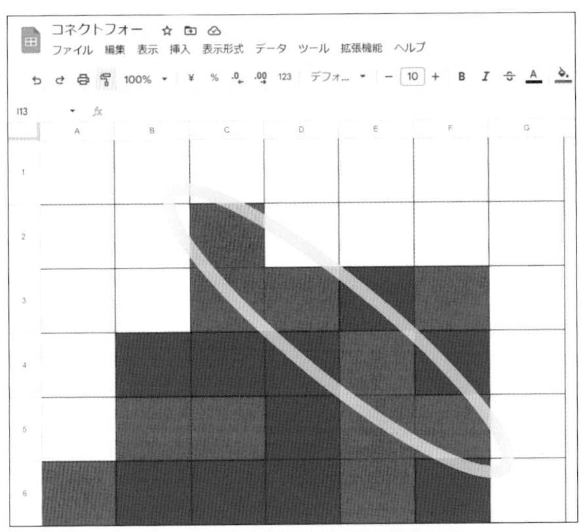

【手順③】ななめ４マスをそろえたので、赤の勝ちです。

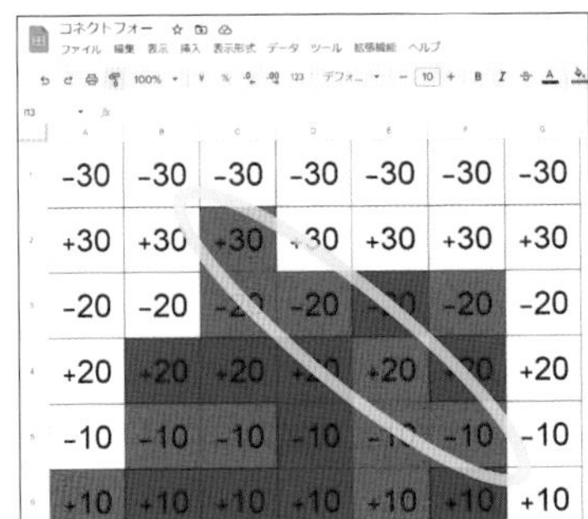

【アレンジ例】ポイント制にします。４マスを揃えると「＋100」です。しかし、総得点で青が逆転勝ちという大ドンデン返しも起こります。

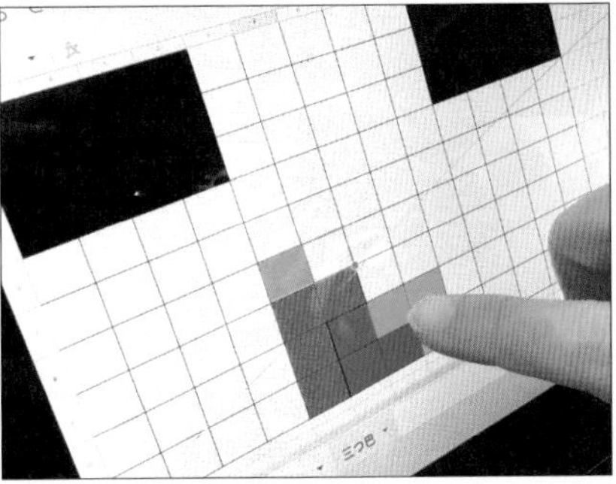

【アレンジ例】人数と範囲を変えます。３人（１対１対１）での三つ巴戦です。凸型のステージで行うなど、範囲が変則的なことによる駆け引きも面白いです。

「紙ペンゲーム」の最大の魅力は、「アレンジできる」点です。元のルールがシンプルだからこそ、デジタル化し、範囲や人数や獲得ポイントを変えることができます。必勝法がないから∞に楽しめるのです。雨の日の休み時間、読み合いに興じましょう。

IDEA 50　GIGA

「待ち」がない！ クラウド実習日誌

何のため　いつでも・どこでも・誰でも実習日誌を入力できるため。

『クラウド実習日誌』で、教育実習を進めます。

	A	B	C
1	6月　○日　○曜日　天候：○		
2	校時	実習項目	実習概要
3	始業前		
4	第１校時		
5	第２校時		
6	第３校時		
7	第４校時		
8	昼食時		
9	第５校時		
10	第６校時		
11			
12	放課後		
13			
14	【実習内容】		
15	【所見】		

Googleスプレッドシートで作成した『クラウド実習日誌』です。いつでも・どこでも・誰でも入力できます。コメント機能を使った助言も可能です。

教育委員会に申請をすると、実習生のアカウントが貸与される自治体があります（管理職の先生と一緒にご確認ください）。

印刷して添付するなど、実習日誌として認められる大学が増えています。データが必要な方は一報ください。

ここがポイント！

実習日誌をクラウド上で共同編集できると「待ち」がありません。入力も閲覧も修正も、いつでも・どこでも・誰でもできるからです。職員室全員で共有し、担当任せにしない温かな教育実習を実現しましょう。

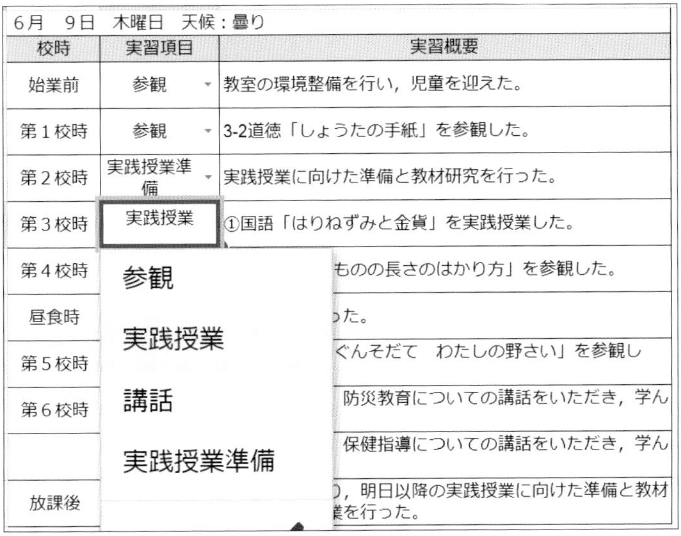

6月　9日　木曜日　天候：曇り

校時	実習項目	実習概要
始業前	参観	教室の環境整備を行い，児童を迎えた。
第１校時	参観	3-2道徳「しょうたの手紙」を参観した。
第２校時	実践授業準備	実践授業に向けた準備と教材研究を行った。
第３校時	実践授業	①国語「はりねずみと金貨」を実践授業した。
第４校時		ものの長さのはかり方」を参観した。
昼食時		った。
第５校時		ぐんそだて　わたしの野さい」を参観し
第６校時		防災教育についての講話をいただき，学ん
		保健指導についての講話をいただき，学ん
放課後		り，明日以降の実践授業に向けた準備と教材 業を行った。

参観
実践授業
講話
実践授業準備

実習項目はプルダウンから選択、実習概要は週予定からコピペして修正です。事務的な箇所を簡潔に記入できることで、有限の実習時間が子どもへと向かいます。

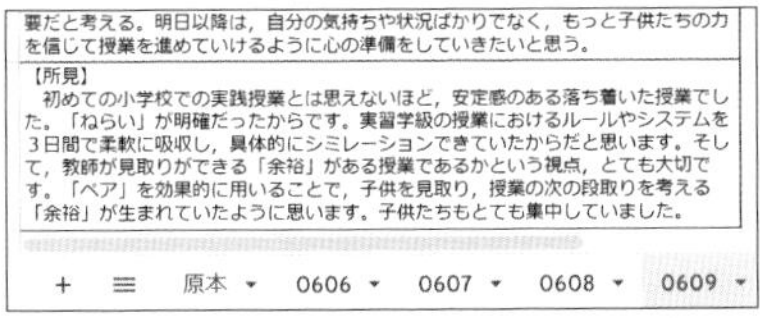

要だと考える。明日以降は，自分の気持ちや状況ばかりでなく，もっと子供たちの力を信じて授業を進めていけるように心の準備をしていきたいと思う。

【所見】
初めての小学校での実践授業とは思えないほど，安定感のある落ち着いた授業でした。「ねらい」が明確だったからです。実習学級の授業におけるルールやシステムを３日間で柔軟に吸収し，具体的にシミレーションできていたからだと思います。そして，教師が見取りができる「余裕」がある授業であるかという視点，とても大切です。「ペア」を効果的に用いることで，子供を見取り，授業の次の段取りを考える「余裕」が生まれていたように思います。子供たちもとても集中していました。

＋　≡　原本 ▾　0606 ▾　0607 ▾　0608 ▾　0609 ▾

同時入力だって可能です。示範授業や講話を担当した教員や管理職が記入、閲覧することもできます。多くの人の目と手で後進を育てていける温かな職場でこそ、教育実習は実り多き体験となります。

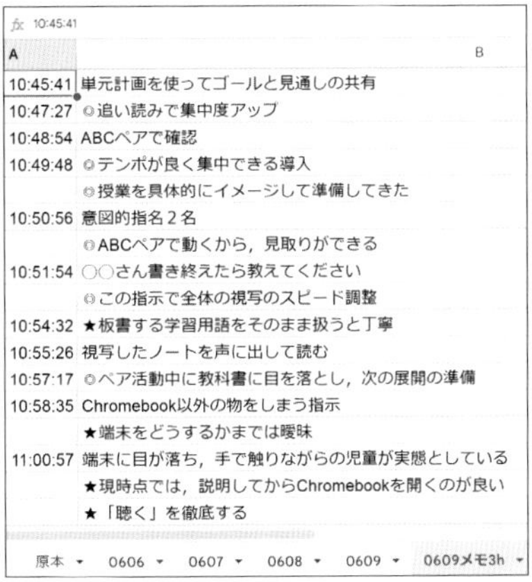

fx 10:45:41

A	B
10:45:41	単元計画を使ってゴールと見通しの共有
10:47:27	◎追い読みで集中度アップ
10:48:54	ABCペアで確認
10:49:48	◎テンポが良く集中できる導入
	◎授業を具体的にイメージして準備してきた
10:50:56	意図的指名２名
	◎ABCペアで動くから，見取りができる
10:51:54	○○さん書き終えたら教えてください
	◎この指示で全体の視写のスピード調整
10:54:32	★板書する学習用語をそのまま扱うと丁寧
10:55:26	視写したノートを声に出して読む
10:57:17	◎ペア活動中に教科書に目を落とし，次の展開の準備
10:58:35	Chromebook以外の物をしまう指示
	★端末をどうするかまでは曖昧
11:00:57	端末に目が落ち，手で触りながらの児童が実態としている
	★現時点では，説明してからChromebookを開くのが良い
	★「聴く」を徹底する

原本 ▾　0606 ▾　0607 ▾　0608 ▾　0609 ▾　0609メモ3h ▾

授業記録メモも同じデータ上で実習生と共有します。時刻＋気づきを記録すると、振り返りの解像度が上がります（「Ctrl」＋「Shift」＋「;」で現在時刻を入力するショートカットキーを活用）。

教育実習生の実習時間は有限です。実習を担当する私たちの勤務時間も有限です。イレギュラーな対応も発生することがあるのが学校現場です。紙の実習日誌では、お互い「待ち」のために、帰宅時刻が遅くなるということがありました。クラウド活用により改善できます。

三脚の新しい使い道！
三脚トレイ

何のため　三脚をGIGA関連機器の簡易机として使えるため。

三脚に装着できるのはカメラだけではありません。『トレイ』を装着すると、端末やプロジェクタの簡易机として大活躍です。

高さや角度を調整できるパソコン机になりました。取り外しができ、教科書程度のサイズなので持ち運びが簡単です。

ここがポイント！

用途に合わせて自由に高さや角度を調整することができます。校庭や体育館に持ち運んだり、専科の授業で一緒に教室移動したりするのも楽々です。端末活用の機会が増え、授業の可能性が広がります。

1/4インチのナット（W1/4）が埋め込めるように、木材を彫刻刀で少しずつ削ります。ハンマーで打ち込んだら『手作り三脚トレイ』の完成です。雲台に取り付けると、角度の調整も自由自在です。

プロジェクタ台にもなります。機器の落下防止のために、滑り止めやゴムバンドなども併用します。

端末を活用する機会が増え、授業の幅が広がります。

譜面台としてもちょうどいい。

『三脚トレイ』によって普段使いできるおかげで、三脚を使って「集合写真」を撮影する機会も増えました。「集合写真」を笑顔で撮影できるクラスはいいクラスです。「集合写真」を撮影しているうちに、いいクラスになっていくのかもしれません。

IDEA 52 GIGA

新品によみがえる！

メガネクリーナー

何のため　**端末の汚れを除去するため。**

『メガネクリーナー』が、パソコンやタブレットなどのディスプレイクリーナーとして優秀です。ほこり、砂、飛沫、指の跡、チョークの粉…端末を傷つけることなく除去しましょう。

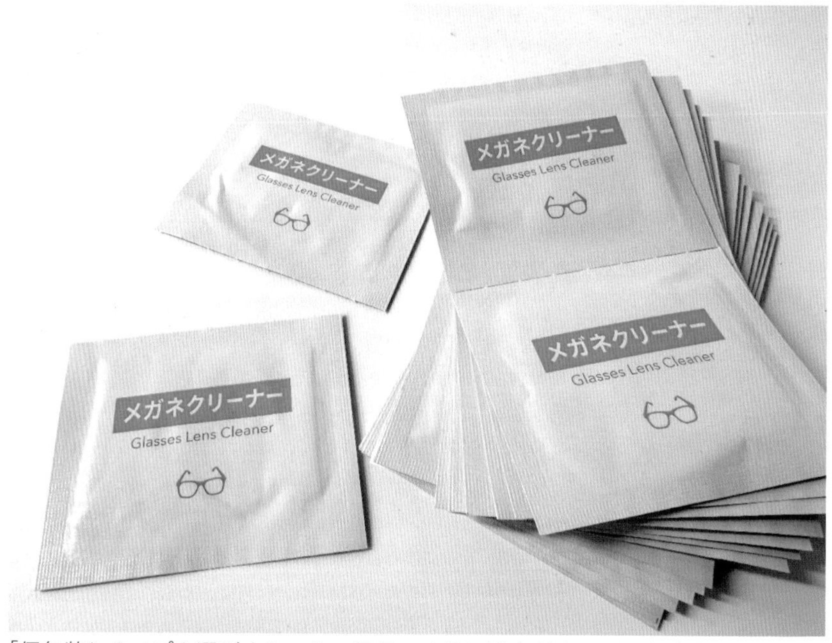

「個包装」タイプを選びましょう。新品のように端末がよみがえります。

ここがポイント！

「個包装」タイプがお薦めです。写真の商品は100円で30枚入りなので、満足できるコストパフォーマンスです。ロール状のものを使っていたこともありますが、開封すると乾燥してしまうのが難点でした。

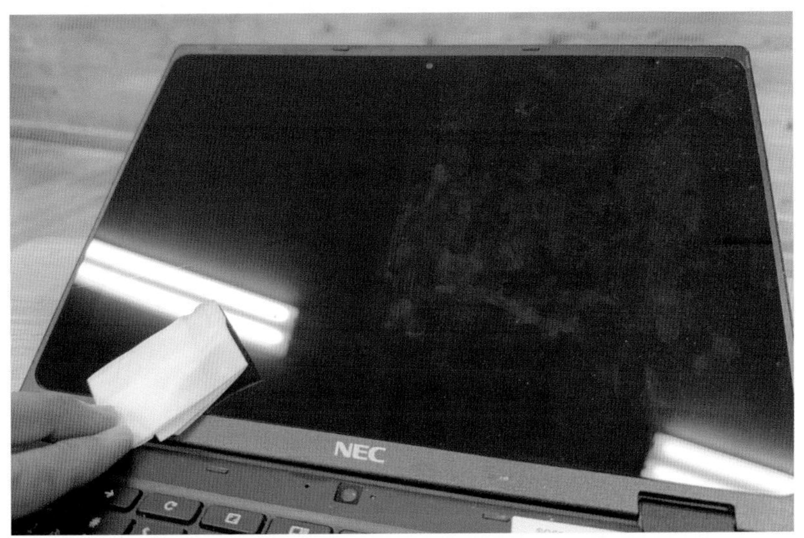

左半分だけ『メガネクリーナー』でメンテナンスしました。端末のためにも、自身の生産性向上のためにも、定期メンテナンスは必要です。

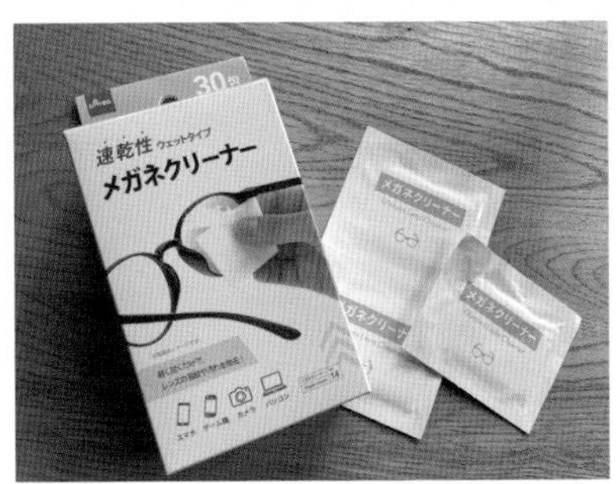

「個包装」が優秀◎アルコール入りのウェットティッシュはNG×。アルコール成分がディスプレイやレンズを痛めてしまいます。

デリケートなメガネのレンズに使用できる素材なので、端末を痛めません。

『メガネクリーナー』は、顔の皮脂や汗をキレイに拭き取るためのものです。ガラスでできたレンズを傷つけない素材でできています。過酷な環境で稼働している学校現場の端末にこそ最適です。OA専用クリーナーを使うのも、もちろん間違いはありませんが。

IDEA 53 GIGA

100%同期！ ダブルマウス

何のため：職場と自宅のパフォーマンスを同じにするため。

職場用と自宅用の『ダブルマウス』が、生産性を爆上げします。職場と自宅で『まったく同じ物』を使う「同期」の仕事術です。

職場と自宅で『まったく同じ物』を使うようにしています。

ここがポイント！

『まったく同じ物』を職場用と自宅用でそれぞれ使用します。パソコンの仕様、文房具、壁掛け時計なども『ダブル』です。場所が変わっても、パフォーマンスが変わらないからです。

Chromebook用にもう一つ増えて、本当は『トリプルマウス』です（笑）。トラックパッドも便利ですが、教室を動き回りながら授業で使うために、私はワイヤレスマウス派です。Chromebookが導入されたときに、しばらく慣れない感じがしていましたが、使い慣れたマウスを接続したら解決しました。

『MX Master II（ロジクール）』を長年愛用してきました。親指のサムホイールが秀逸で、教室のどこからでも、大型テレビに映した画面の拡大・縮小が親指一つで自由自在だからです。

壁掛け時計も『ダブル』。パソコンは職場のOSがアップデートされるまで、あえて自分用パソコンでも古いOSを使い続けていたことがあります。

クラウドベースの働き方に移り変わってきたこともあり、「同期」の概念が当たり前になりました。もっともっと生産性を上げて、自宅で仕事をしない人になりたいですが…一方で、学ぶことが道楽でもあってやめられません。

腰にやさしく！ チェアシート

何のため　腰痛予防のため。

事務椅子に置くだけの『チェアシート』があります。「腰」を痛めないための自己投資は、人生百年時代において大変重要です。

私は、MTG社の『Style PREMIUM DX』を使っています。デスクワークのパフォーマンスが向上し、デキる人になります。

ここがポイント！

実物を試し、自分の身体が納得する物を選ぶことがポイントです。私は専門店を訪れ、店員さんに相談することも惜しみません。「安物買いの銭失い」はしてはいけません。

事務椅子が、魔法の椅子に早変わり！『チェアシート』が理想の立腰姿勢へと導きます。

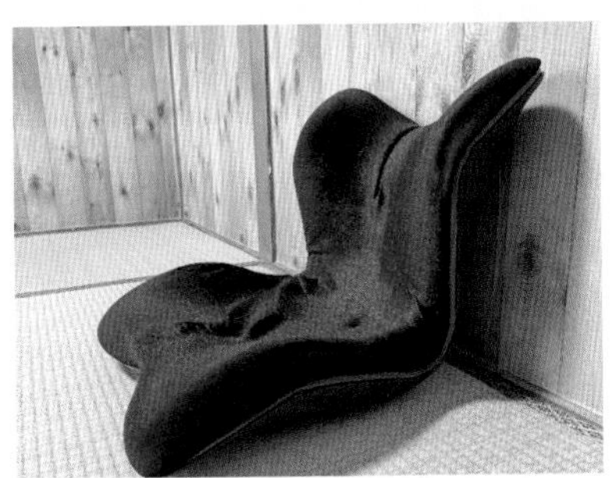

私が愛用している『チェアシート』は、床面に置いて読書をするのにも塩梅が良いです。

長距離運転で毎日通勤されている方には、『自動車用チェアシート』も様々な種類が開発されています。
参照：『Style Drive』（MTG ONLINESHOPより写真引用）

『パソコンスタンド』（参照P.124）との合わせ技で、私は自宅で使っています。疲れにくく、腰痛対策に効果てき面です。しかし、休むときはしっかり休むこと、何よりも長時間も連続しなくて良いようなワークライフバランスが大切です。

疲れにくい姿勢に矯正！ パソコンスタンド

何のため パソコン作業時の姿勢を改善するため。

背筋が伸びた良い姿勢でパソコン仕事ができるようになると、首・肩・目の疲労が大幅に軽減されます。オンライン通話では、傾きを調整することで画面が明るくなる効果もあります。

自分に合った高さや角度に微調整が可能な『パソコンスタンド』がお薦めです。

ここがポイント！

ディスプレイと顔の最適な位置関係は、真正面です。キーボードの角度もわずかな加減で、肩や首への負担が段違いです。画面が揺れない安定感のある物を選びましょう。

タイピングしても画面が揺れない安定感が気に入っています。

極厚の『パイプ式ファイル』に『滑り止め』を付けて試作した『手作りパソコンスタンド』です。微細な角度の調整はできません。机の上もかさばります。…でも、姿勢は改善します。

スマートフォンをセカンドディスプレイのように立てかけて使用できる『折り畳み式スマホスタンド』も重宝しています。

学校ではパソコン片手に教室と職員室を行き来するため、長時間連続してのデスクワークは稀です。『何も置かない教師用机』（参照：拙著『教室ギア55』）にしたいのもあり、私は職場では使ってはいません。自宅用です。しかし、職場での姿勢も改善し、疲れにくくなりました。

配線を制する者はICT機器を制する！
テレビ裏秘密基地

何のため　教師の存在感を薄め、パソコン仕事がはかどるため。

『テレビ裏秘密基地』と呼んで、とても気に入っている空間が教室にあります。大型テレビの裏側に、児童用と同じ大きさの机を置いた場所です。

パソコンをし（ているふりをし）ながら、少し離れて子どもたちを眺めることで気がつくことがたくさんあります。

ここがポイント！

私は、教室でパソコンなどの機器類を使う機会が多いです。大型テレビがついたてのような役割をするので、教師の存在感を薄めます。この『秘密基地』づくりのコツが…「配線」です！

私のようなキャラクターは、教師の存在感を薄めることが必要な場合もあると自覚します。教師の顔色を伺うことなく自ら学びに向かう人を育てたい、だけど見守っていてほしい子もいる…そういうちょうどいい場所です。

コード類の整理に最強なのが『ビニタイ』です。ねじるだけで強力に結束できて、取り外しも簡単にできるアレです。

束ねた配線を壁に沿わせます。「ステップル」を『ハンマー』で打ち込むと、より安全で美しいです。学級じまいには、『ペンチ』（参照P.26）ではずします。

増え続けるICT機器周りのコード類の整理に最も適しているのが『ビニタイ』です。ケーブル類を結束することで教室が見違えるようにすっきりします。大型テレビの裏側の空間を活用できるのは、コード類を踏んづけたり、引っかけたりする心配がなく安全だからです。

おわりに

前作を発刊した2021年２月。『深掘り＊教室ギア55』という企画に挑戦しました。１日１ギア、縁のあるゲストスピーカーと音声SNSで語らいます。30分間の番組を４ヶ月間続けて、55のギアのすべてを完遂しました。

たとえば、ある方の特別支援学級での１コマ。パーテーションで学習スペースを区切るのと同じように、教室の掲示コーナーも一人ひとりのスペースを区切っていたそうです。掲示板に、『マグネットクリップ』と『曲板（まげいた）』を導入したときのこと。「〇〇ちゃんの隣に貼ったよ！」と、自分から報告したあの子の行動に大変驚いたそうです。自分で貼れる環境になったら垣根を超えちゃった、と。でも、「主体的って本来こうなのかも、必要のない垣根まで設けてしまっていたのかも」とハッとさせられたといいます。私も係活動の掲示スペースを区切るために貼っていたビニールテープを取っ払った過去があります。

「うまくやって～」

私は教室で子どもたちによくこう言います。そうすると、子どもたちは話し合って、上手に折り合いを付けています。『教室ギア』と冠した実践を通して、私は、子どもたちには力があるなぁ、と感動することが増えました。この実感に裏打ちされた

「うまくやって〜」

なんです。だから、子どもたちが動き出すのかもしれません。言葉ややり方の表面をなぞるだけでなく、目の前の子どもの姿に腹の底から感動したいよね。そんなやりとりでした。

一方で、クリティカルな話題にもなりました。『マグネットクリップ』で、ノートや成果物を晒されたくない子もいるのでは？　たしかに、ノートを教室に貼り出すって、不自然です。私たちが実践と呼ぶ営みは、冷静に考えてみると、どれも不自然（笑）。不自然な営みを通して子どもの自然な力を引き出そうというのが、学校教育なのです。

そんな仕組みなのだから「おもしろがろう！」と腹を括れたことで、私はひと皮むけたように思います。

冒頭のエピソードには続きがあり、「今日はパーテーションをどうしたい？」と相談して決めるようになったというのです。このお話を伺い、私は子どもたちの姿を「観る」ことをますます意識するようになりました。子どもたちの声を「聴く」ことをもっと心掛けるようになりました。「観る」「聴く」という自然な営みを一層大切にするようになったのです。学年や性別や得意不得意の垣根はありません。やりとりをして、自己選択できる関係性を大切にしたい思いが強くなりました。

本を発刊した後の、このような学びがすこぶるおもしろかった。
じゃあ、発刊前にもこうした学びができないだろうかと企みました。『粗削り＊教室ギア56』をやりました。

力を貸してくれる仲間たちには、いつも感謝と尊敬の念でいっぱいです。対話相手になってもらい、56のギア一つひとつに対してクラウド上でのコメント交換とオンライン通話によるやりとりを重ねました。録画した通話を見返しては書き直し、思い切ってボツにしたアイデアもあります。ハウツーを超具体的に紹介するだけでなく、ギアの背景にある「願い」を精一杯表現しました。独りでは至れなかった、深く、濃い内容になっていると自負します。

東洋館出版社編集部のお陰で、今回も贅沢な「オールカラー」仕様です。写真を眺めるだけでも楽しい１冊に仕上がりました。
この本をきっかけに、先生方と垣根を超えたいです。実践交流しましょう。

鈴木優太

『深掘り＊教室ギア55』2021年２月26日〜６月25日@clubhouse

２月26日（金）高橋恵大『かしこまらない紙』
２月27日（土）大内秀平『先出し図入り単元計画』
２月28日（日）山本純人『アンダーゴミ袋』
３月１日（月）菊地南央『チョークバッグ』
３月２日（火）伊藤浩也『スーパーいいね』
３月３日（水）上條晴夫『自分帳』
３月４日（木）藤原友和『育ち方すごろく』
３月５日（金）ちょんせいこ『ホワイトボード&イーゼル』
３月６日（土）大野睦仁『コメント交換』
３月７日（日）古舘良純『ムービー通信』
３月８日（月）池亀葉子『〇〇フラッシュ』
３月10日（水）赤坂真二『議題箱』
３月12日（金）佐藤隆史『音声入力音読』
３月13日（土）長瀬拓也『紅白福引きBOX』
３月15日（月）樋口万太郎『マグネットクリップ』
３月16日（火）深見太一『手作り両面ミニホワイトボード』
３月18日（木）戸来友美『ピンポンブー』
３月22日（月）曽根義人『その日ムービー』
３月24日（水）八巻寛治『曲板学習コーナー』
３月25日（木）梅津晴季『作品ネームカード』
３月26日（金）郡司竜平『デジタルバック絵』
３月27日（土）高橋尚幸『両面名前マグネット』
３月29日（月）高橋朋彦『コピーノートストッカー』
３月30日（火）木所聡『要録エンカウンター名刺』
４月４日（日）木村彰宏『価値モデルギャラリー』
４月５日（月）三好真史『会社活動振り返りお給料日』
４月７日（水）岩渕恭子『超簡単スライドムービー』
４月９日（金）長澤元子『カードゲーム『クラモン』』
４月26日（月）寶森公喜『先出し週予定』
４月28日（水）阿部紗也子『一人一イヤホン』
４月29日（木）紺野悟『家庭学習ラベル』
４月30日（金）前田考司『ベル付きクリップボード』
５月２日（日）竹内新『ナンバリングメモ』
５月３日（月）秋山義紀『先生プロファイリング』
５月４日（火）河野史弥『風呂読』
５月５日（水）高橋恵大『10秒刻みデジタルタイマー』
５月６日（木）村田祐樹『おかわり優先権』
５月７日（金）石橋智晴『我が子エピソード』
５月９日（日）大釜拓『マイぞうきん君』
５月10日（月）工藤美季『曲板係コーナー』
５月11日（火）九貫政博『オルガンスピーカー』
５月12日（水）菊地幸恵『ドッジボールバリエーション』
５月13日（木）今井清光『軍手×40』
５月14日（金）山田将由『数取器』
５月16日（日）安彦俊宏『奇数色名簿』
５月19日（水）井上幸信『ストロー袋BOX』
５月20日（木）塚野駿平『突っ張り棒』
５月21日（金）樋口綾香『両面お知らせカード』
５月24日（月）山本晃佑『あまりプリントBOX』
６月２日（水）熊谷俊祐『苗トレー』
６月３日（木）久保木靖『手作りスピナールーレット』
６月８日（火）飯村友和『ブルーシートおばけ屋敷』
６月10日（木）加倉井英紀『SPF材』
６月14日（月）城ヶ崎滋雄『ミニホワイトボード４色短冊』
６月25日（金）田中光夫『へたらないかぶりもの』最終回１時間SP

『粗削り＊教室ギア56』2023年@zoom
青木貴弘、伊藤浩也、梅津晴季、大内秀平、大釜拓、長田遼、河村裕晃、菊地南央、木所聡、久保木靖、紺野悟、小島貴之、佐藤秀太郎、清水智久、清野弘平、平健太朗、高橋恵大、額賀大、藤丸裕基、村田祐樹、山本晃佑。（あいうえお順）

※ご協力いただいた教育関係者の皆様、いつも力を貸してくださる皆様、本当にありがとうございます。

著者紹介

鈴木優太

宮城県公立小学校教諭。1985 年宮城県生まれ。「縁太（えんた）会」を主宰する。『教室ギア 55』（東洋館出版社）、『日常アレンジ大全』（明治図書出版）など、著書多数。

教室ギア56

2024（令和６）年２月28日　初版第１刷発行

著　者　　鈴木優太
発行者　　錦織圭之介
発行所　　株式会社 東洋館出版社
〒101-0054　東京都千代田区神田錦町2-9-1
コンフォール安田ビル２階
代表　TEL：03-6778-4343
FAX：03-5281-8091
営業部　TEL：03-6778-7278
FAX：03-5281-8092
振替　00180-7-96823
URL　https://www.toyokan.co.jp

［装　丁］奈良岡菜摘
［本文デザイン］中濱健治
［組　版］株式会社　明昌堂
［印刷・製本］株式会社　シナノ

ISBN 978-4-491-05420-9　/　Printed in Japan